Anciens moulins à café

Jean-François Bianco

Anciens moulins à café

Jean-Cyrille Godefroy

Le propos de ce livre n'est pas de raconter une nouvelle fois l'histoire du café, ou des cafés, en prenant pour prétexte les moulins. Je n'y détaillerai donc pas la légende du jeune pâtre qui, au milieu du treizième siècle, remarque combien ses chèvres sont vivaces, joyeuses et infatigables après avoir brouté un étrange arbuste aux petits fruits rouges, pas plus que je ne relaterai la fameuse venue en France, le 5 juillet 1669, de l'ambassadeur turc Soliman Aga Mustapha Raca qui, dans l'attente que Louis XIV daigne le recevoir, donna réception sur réception au cours desquelles, comme il était d'usage dans son pays, il offrait volontiers une tasse de café à une cour qui s'enticha de ce breuvage exotique.

Il ne s'agira ici que de moulins à café, rien que de moulins à café, de leur apparition durant le dernier quart du dix-septième siècle jusqu'à l'aube de l'ère industrielle, avec, pour seule exception, un détour auprès des artisans qui les ont fabriqués, ce qui, par ricochet, nous fournit des renseignements aussi capitaux que la localisation ou la datation précises des moulins eux-mêmes.

En commençant cet ouvrage, j'avais pour ambition d'apporter quelques éléments nouveaux (et tout l'était, car tout restait à faire) sur telle ou telle signature de faiseur de moulins à café, présumée ou espérée représentative, et aurais jugé utopique le projet de retrouver la trace de chacune des marques relevées sur le revers des couvercles ou le dessus des manivelles des moulins à café du dix-huitième siècle.

C'est pourtant, à de rares exceptions près, chose faite aujourd'hui. Sous un habillage varié, le moulin abrite une technologie presque toujours identique. Quelques termes reviennent donc régulièrement au fil des pages. La trémie, sorte de réceptacle destiné à recevoir les grains à moudre, est, selon les modèles, extérieure (exemple type, les moulins flamands) ou partie intégrante du moulin (le « Louis XIV »). Sauf mention contraire, la hauteur indiquée dans les légendes correspond toujours à la partie supérieure de la trémie, c'est-à-dire qu'elle ne comprend ni la manivelle ni l'extrémité de l'arbre. Cela pour les modèles à arbre vertical car il arrive aussi, bien que plus rarement, que l'arbre, autrement dit l'axe métallique qu'il faut tourner pour moudre les grains, soit horizontal (moulin à pied et trompe d'éléphant par exemple). Vertical ou horizontal, l'arbre est toujours relié à la manivelle et se termine invariablement par un lourd et solide renflement, la noix (fruit auquel elle s'assimile, si ce n'est que sa base, ou son assise, est non pas arrondie mais plane). La noix, avec la cage qui l'enserre, est l'élément central du mécanisme de broyage puisque c'est elle qui, en tournant, écrase les grains de café contre la paroi rigide et fixe de la cage, laquelle ne comporte, à l'image de la noix elle-même, que des stries coupantes. Enfin, ce dispositif est dans la plupart des cas complété par deux entretoises, petites pièces métalliques transversales qui servent aussi bien à maintenir la noix à l'intérieur de la cage qu'à assurer la bonne tenue de l'arbre. Avec ce dernier mot, il est, je crois, inutile d'aller plus avant dans l'explication des termes techniques : être tombé un jour sous le charme d'un moulin à café de fabrication artisanale est la seule condition requise pour lire ce livre.

Une telle entreprise nécessite de l'aide et je n'aurais pas été en mesure de la mener à bien sans l'accueil très chaleureux qui, en règle générale, a été réservé à mes diverses sollicitations. Sans dresser une liste, même écourtée, je veux au moins remercier la Société de torréfaction Malongo, qui a mis à ma disposition sa fabuleuse collection alors exposée à la Maison Régionale des Arts de la Table d'Arnay-le-Duc (près d'une photographie sur deux du livre en est issue), le Musée Le Secq des Tournelles à Rouen et son conservateur Gilles Grandjean qui me guida dans l'examen et l'inventaire des pièces exceptionnelles du musée (deuxième source iconographique du livre, la dernière étant composée de mes propres moulins), et enfin l'Association des Amis du Vieux Saint-Etienne par le truchement de Michel Bourlier.

DOCUMENT 1
Basilique de Vézelay : chapiteau du quatrième pilier du bas-côté sud de la nef. XIIe siècle.

Chapitre 1

Les précurseurs

Lorsqu'au dix-septième siècle le café gagne l'Occident, l'utilisation des épices, bien que réservée à une part infime de la population, est déjà fort ancienne. Au Moyen-Age, un proverbe disait « cher comme poivre » et ses grains jouaient parfois un rôle d'échange au même titre que les pièces et les métaux précieux.

Possédées en petites quantités, les épices n'en étaient pas moins consommées, et, partant, concassées ou broyées lorsque nécessaire. Pour ce faire, dès l'Antiquité, l'homme inventa le mortier et le pilon, instruments fidèles des apothicaires des siècles durant, et par la suite le moulin, fruit d'une technologie plus avancée. Cerner son apparition est toutefois une tâche ardue. L'inventaire du mobilier du château

d'Hyères dressé en 1428 par un certain Guillaume du Val, mentionne un « molin a mostarda ». Nous pouvons donc, au minimum, attester de la présence de cet objet domestique à cette date, même si nous ignorons tout de la forme et de la matière de celui-ci. Trois siècles plus tôt, les sculpteurs chargés de l'iconographie de la basilique de Vézelay représentaient, sur le chapiteau du quatrième pilier du bas côté sud de la nef, ce qui de prime abord apparaît comme deux moines utilisant un moulin, le premier déversant les graines contenues dans un bol à l'intérieur de l'entonnoir, le second recueillant la mouture dans un sac (document 1). Ignorer la véritable signification de cette sculpture et y voir une scène réaliste de la vie monastique serait un contresens. « L'Ancien Testament, versé par un prophète, devient farine quand il est lu à travers l'Évangile ; et saint Paul peut en recueillir les enseignements au sortir de ce *moulin mystique* ». Telle est la légende que propose Dom Claude Jean-Nesmy, page 71 de son ouvrage *Vézelay* (Zodiaque – Les points cardinaux, 1970), tandis que, de manière plus explicite encore, le sens messianique de cette sculpture est ainsi formulé par Paul Claudel dans *Le monde de Vézelay* (Zodiaque, 1967) : « Le personnage supérieur décharge le grain de l'Ancien Testament dans ce moulin, et la farine en est reçue par un personnage barbu au front dégarni : saint Paul. C'est le Christ et le Nouveau Testament qui éclairent la Loi et les Prophètes ». L'une et l'autre de ces exégèses sont sans doute une transcription fidèle de ce qu'en leur temps, avec d'autres mots, les hommes d'Église, maintes anecdotes à l'appui, enseignaient aux paroissiens et aux pèlerins.

1 et 2.
Superbe moulin à épices en fer et en bois à pied balustre et trompe d'éléphant, de profil et côté «trompe». Très petite trémie propre aux moulins à épices, noix latérale. À noter l'importance du pied qui à lui seul occupe plus de la moitié du moulin et qui, à la différence des modèles postérieurs, n'assure aucune autre fonction.
H. 17 cm. XVIIe siècle. Coll. Malongo.

Si, avant toutes choses, l'amalgame doit être évité – il ne s'agit pas de deux moines en train de moudre une graine quelconque –, il n'en demeure pas moins que cette sculpture tend à prouver que dans l'esprit des tailleurs de pierre du douzième siècle, le moulin, fût-il prétexte à quelque symbole, est bel et bien un objet matériel réel, aux contours et aux éléments définis. Les férus de moulins anciens, trop emportés peut-être par leur désir d'effectuer des rapprochements judicieux, y voient même une parenté certaine avec un modèle à entonnoir du début du dix-huitième siècle dit « à trémie en tronc de pyramide », et qui, de fait, à l'emplacement et à la forme de la manivelle près, possède de nombreuses similitudes avec le « moulin mystique » de la basilique de Vézelay. Mais à ce jour aucun moulin proche de celui représenté sur ce bas-relief et un tant soit peu contemporain de la construction de la basilique n'a été retrouvé.

3.
Autre moulin à épices à pied balustre et trompe d'éléphant décoré de croissants de lune et du symbole chrétien, le globe surmonté d'une croix. Un des plus anciens moulins répertoriés, puisque la date de 1506 y est gravée. Musée le Secq des Tournelles.

Si la Bible mentionne à plusieurs reprises le moulin à bras, comme le remarque fort à propos Roger Verdier dans *Les objets de la vie quotidienne du seizième au vingtième siècle* (Éditions du Cabinet d'expertises, 1994), Micheline Jeanlin, citée dans ces mêmes pages, fait apparaître le moulin rotatif en Gaule au cours du deuxième siècle avant J.-C. et le décrit de la sorte : « Un moulin à bras formé de deux disques de pierre superposés, une meule inférieure dormante, et une meule supérieure « allante » qui tournait » (*Du grain à la farine*, Musée archéologique de Dijon, 1982).
Il semble donc que, durant des siècles, le seul principe de moulin qui ait existé, notamment pour moudre de

petites quantités de blé, est celui de deux pierres frottées l'une contre l'autre afin d'écraser le grain, principe encore en usage dans les moulins à sel fabriqués du seizième au dix-neuvième siècles et que l'on rencontre de temps à autre sur les étalages des brocantes. Leur mécanisme rudimentaire de broyage, sans parler de leur matière première unique ou quasi-unique, la pierre, en font des moulins tout à fait à part, auxquels les moulins à café aussi bien que leurs ancêtres, les moulins à épices, demeurent, dans leur conception même, totalement étrangers.

À l'inverse de son origine et, il est vrai, aux antipodes de la représentation moyenâgeuse de Vézelay, les caractéristiques des premiers moulins à épices sont mieux connues. Comparés aux moulins à café, leur spécificité tient en partie à l'antériorité de leur fabrication – par définition privée des perfectionnements et des simplifications postérieures – et en partie au fait qu'épices et grains de café diffèrent, en tout premier lieu par leur taille. Aux petites graines utilisées en petites quantités correspond sans surprise une trémie, et, partant, une noix, tout aussi petites. L'exemple type en est le modèle dit « à trompe d'éléphant » (photos 1 à 3) ou « à patte et trompe d'éléphant » (photo 4) pratiquement introuvable aujourd'hui, si ce n'est au sein de collections prestigieuses telles celle du Musée le Secq des Tournelles ou celle de Malongo.

Bien qu'il soit un peu gênant d'expliquer a posteriori en quoi un tel modèle de moulins ne pouvait être promis à un grand avenir, on peut remarquer qu'il était inadapté au café, non seulement par sa taille, ce qui n'était pas insurmontable, mais encore par sa fragilité incompatible avec les secousses d'un broyage fréquent. À cause aussi d'un pied longiligne et frêle, certes élégant, mais qui d'un point de vue

4.
Moulin à trompe et pied d'éléphant. L'ensemble trémie-mécanisme de broyage est un peu plus conséquent, mais sa conception demeure identique.
H. 25 cm.
XVIIe siècle.
Coll. Malongo.

fonctionnel souffre du défaut de ne servir qu'à rehausser la manivelle, et non, comme bien souvent par la suite, à récupérer également la mouture.
Si plusieurs autres modèles de moulins à épices peuvent être recensés, peu seront abordés dans ce chapitre, certains pour avoir été les parents directs d'un important modèle de moulin à café, comme le « Louis XIV », d'autres, à l'instar de petits moulins cylindriques en fer bien particuliers et contemporains de la vogue naissante du café, pour avoir été, du fait de leur format et de leur conception, d'emblée utilisés indifféremment comme moulins à épices ou comme moulins à café de voyage.

Mis à part quelques moulins atypiques, souvent alambiqués et d'un maniement malaisé, les modèles traditionnels du dix-septième siècle ne sont pas très éloignés de ceux, plus récents, que nous connaissons mieux. Deux types sont à distinguer : les modèles monoxyles, dont le corps n'est fait que d'une seule pièce de bois sculptée, et dont l'antériorité est à peu près certaine (photo 5), par opposition à ceux qui sont composés de plusieurs morceaux de bois assemblés. La photo 6 nous montre un modèle hybride : au socle et au faîte horizontaux, novateurs au dix-septième siècle, correspond un rare et superbe corps cubique d'un seul tenant.
Ces derniers moulins ont appartenu, comme d'ailleurs deux des trois modèles à trompe d'éléphant ici reproduits, à la célèbre collection de Jacques-Henri Bloch – qui les a lui-même expertisés comme des moulins à épices du dix-septième siècle – avant de rejoindre celle du sénateur Jeambrun, et, finalement, la maison Malongo.

5.
Moulin à épices sans couvercle, aux traits naïfs et rustiques. Sans doute l'un des ancêtres des moulins à café monoxyles. H. 14,2 cm. XVIIe siècle. Coll. Malongo.

6.
Rare moulin à épices en bois et en fer du XVIIe siècle. Au corps monoxyle sobrement décoré de lignes entrecroisées ont été assemblées deux extrémités de bois mouluré, annonciatrices des modèles à venir. France, coll. Malongo.

11.
«Louis XIV» au bois entièrement sculpté (scène de lutte entre un homme et un lion). Le soin apporté à la décoration de ce moulin indique qu'il était sans doute destiné à un commanditaire précis. Le revers du couvercle, en laiton, porte la signature LEBON et l'inscription latérale A. THIV.../.FR. LET. France. H.16,5 cm. Milieu du XVIIIe siècle. Coll. Malongo.

Chapitre 2

Une pièce maîtresse: le «Louis XIV»

7.
«Louis XIV» à pieds ronds en noyer et en fer. Le revers du couvercle, poinçonné d'un dauphin couronné, est signé MARTIN AISNEZ. France. H. 18,5 cm. Début XVIIIe siècle. Musée Le Secq des Tournelles.

De tous les modèles monoxyles, et sans doute de tous les modèles en bois de fabrication artisanale, il en est un cher au cœur des collectionneurs, l'emblème de la pièce noble et précieuse, qui représente, dans l'imagerie un peu floue que l'on a de l'Ancien Régime, à la fois le privilège aristocratique et la quintessence, rapportée aux moulins, de l'art populaire; la pièce de référence enfin, celle qui sépare la collection balbutiante de celle de prestige : le « Louis XIV ».
Le plus souvent en noyer et en fer, qu'ils soient pourvus de pieds (photo 7) ou pas (photo 8), ils ont à l'occasion le bouton de la manivelle en buis (photo 9), et sont parfois en noyer, fer (pour le mécanisme de broyage et la manivelle) et laiton

(photo 10), mais seulement de façon exceptionnelle d'une autre essence de bois (loupe d'amboine par exemple). Leur section carrée, où loge le tiroir, garantit une bonne assise, tandis que leur taille fine permet une prise en main optimale. La trémie, un fût évidé, est généralement peu évasée et toujours à huit pans, jamais à six ou à dix. Cela indique, comme nous aurons l'occasion de le vérifier à maintes reprises sur d'autres moulins de fabrication artisanale, que par delà l'extrême

8.
«Louis XIV» en noyer et en fer très représentatif du genre. Bouton du tiroir à collerette festonnée.
Le revers du couvercle porte la signature C. GALOY, mais la dernière lettre, moins lisible, n'est peut-être qu'un «T» mal frappé. France. H. 17 cm, côté 8 cm. Milieu XVIIIe siècle. Coll. de l'auteur.

9.
«Louis XIV» en noyer et en fer, poignée en buis. Sa petite taille – 16 cm de hauteur, 7,5 cm de côté –, et plus encore le fait que son mécanisme de broyage ait été engagé à force, par dessus la trémie, attestent son ancienneté, laquelle est confirmée par la présence d'une barre transversale au-dessus du tiroir destiné à maintenir l'ensemble.
Couvercle atypique en bois et en fer, vraisemblablement dû à une restauration ancienne. France. Fin XVIIe – début XVIIIe siècle. Coll. de l'auteur.

10.
«Louis XIV» à pieds, en noyer, fer et laiton. Verrouillage du tiroir commandé par son bouton en forme de cœur. Sa facture simplifiée – section carrée rectiligne – indique qu'il a sans doute été fabriqué après 1760. France. H. 17 cm. Côté 8,5 cm. Coll. de l'auteur.

variété et richesse d'un modèle, on observe une stricte obéissance à la tradition, à l'archétype, réduisant d'autant la part laissée à l'innovation et à la singularité.

Pour avoir dominé le dix-huitième siècle (même si, durant les dernières décennies, d'autres modèles, tel le « Sablier », eurent tendance à lui disputer sa suprématie) et accompagné la propagation du café, le « Louis XIV » n'en reste pas moins directement issu d'un moulin à épices du dix-septième siècle. L'un des plus beaux sans doute qui aient jamais été fabriqués est orné de têtes démoniaques sculptées dans la masse à chacun des angles, tandis que le bouton de la manivelle, figurant une tête d'oiseau, apporte une touche ludique qui triomphe des inquiétants personnages des profondeurs. Si les ouvrages qui atteignent ce degré de maîtrise et de créativité sont exceptionnels, d'autres, à peine moins rarissimes, sont eux aussi travaillés sur la totalité de leur pourtour (photo 11) ou de plus discrets motifs (photo 12). En règle générale, le soin apporté à la décoration des « Louis XIV » est allé décroissant au fur et à mesure que le moulin devenait moins insolite. La fabrication en petites séries a conduit à la simplification des formes même si les commandes de moulins richement décorés aux artisans réputés n'ont pas été le fait

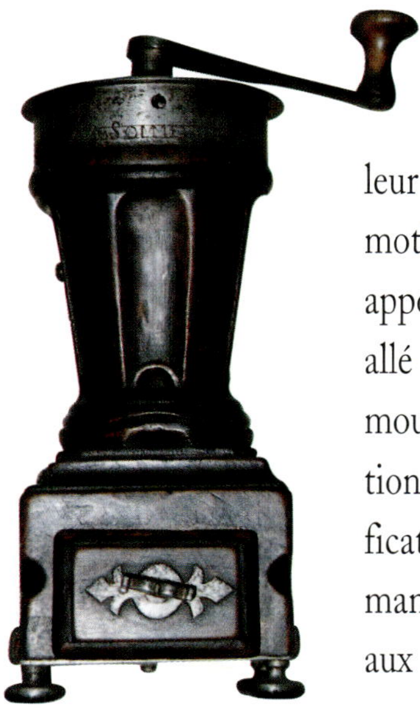

13.
«Louis XIV» à pieds en noyer et en fer. Rare trémie cannelée que ceinturent à sa base trois anneaux ondulés et, à la hauteur du couvercle, un bandeau en métal gravé COLLIOTA SOMMEVOIRE (Haute-Marne) et daté de 1 702. Initiales N.C. à l'intérieur. Motifs latéraux et bouton du tiroir en cœur. H. 18,5 cm. Côté 8 cm. Musée Le Secq des Tournelles.

12.
«Louis XIV» monté sur des pieds et un socle de fer. En l'état actuel, sans couvercle et muni d'une manivelle postérieure. Exceptionnel par ses oiseaux sculptés et le travail du bois en général. H. 18 cm. XVIIIe siècle. Coll. Malongo.

exclusif de quelques décennies. La présence ou non d'ornements sur la base carrée demeure toutefois un indice assez fiable pour définir son époque : ceux qui sont sculptés de têtes d'anges ou grotesques ont toutes les chances d'être plus anciens que les moulins comportant l'habituelle double encoche par côté (un peu comme l'empreinte de deux pouces légèrement inclinés se faisant face), qui eux-mêmes sont d'ordinaire antérieurs aux moulins dont les tranches de la section carrée sont rectilignes. Des exceptions sont toujours possibles : ainsi le « Louis XIV » signé Claude Chapelon (photos 17 et 18) ne possède t-il aucune encoche sur le haut de sa section carrée alors qu'il a été fabriqué à la charnière du dix-septième et du dix-huitième siècles. Le cas est différent pour le très beau moulin reproduit sur la photo 13 : dessus du socle rectiligne alors qu'il s'agit d'un « Louis XIV » fort

17 et 18.
«Louis XIV» en noyer, fer et laiton. Le nom de l'artisan, CLAUDE CHAPELON (frère du précédent) et son poinçon, une couronne surmontée d'un coq, y sont particulièrement visibles. Fin XVII – début XVIIIe siècles.
Coll. Malongo.

14 et 15.
«Louis XIV» en noyer et en fer, poignée en buis. Le revers du couvercle, estampillé d'un agneau pascal, est signé J.B. FRECON LEBON. L'obturateur permet de boucher l'orifice central lorsque la poignée est retirée. France. H. 22 cm. Côté 9 cm. Deuxième tiers du XVIIIe siècle. Coll. de l'auteur.

ancien, de 1702 pour être précis (il est rare qu'on puisse l'être à ce point), mais cela n'est dû qu'au travail tout à fait inhabituel de la trémie, si bien que le soin dont il a bénéficié correspond parfaitement à sa date de fabrication. Ce qui est vrai du travail du bois l'est tout autant de la ferronnerie : celle-ci varie considérablement d'un « Louis XIV » à l'autre. Et si le plus souvent elle se contente, parfois avec bonheur, d'être fonctionnelle, elle sait aussi être un élément décoratif de premier ordre. Cette remarque ne concerne pas la noix, par nature dissimulée, même si l'arrondi, la régularité et la finesse des stries en font dans bien des cas un objet de toute beauté.

16.
Revers d'un couvercle «Louis XIV» signé A. CHAPELON. Il s'agit d'Antoine Chapelon, qu'un acte paroissial de 1691 déclare «faiseur de moulins à café». À noter la forme stylisée du poussoir, présenté pourtant ici dans sa partie cachée. Coll. Malongo.

Hormis la manivelle, plus ou moins ample et majestueuse, la principale partie métallique grâce à laquelle l'artisan pouvait embellir son ouvrage était le couvercle au sens large : avers, revers et bandeau reliant l'ensemble à la trémie. Le dessus du couvercle est lui-même composé de différents éléments qui peuvent être autant de prétextes à des fioritures ou à un travail soigné. L'obturateur, qui ne sert qu'à dissimuler ou à couvrir l'orifice central lorsque la manivelle est ôtée, est de ceux-là : il n'est le plus souvent qu'une simple rondelle pivotante munie d'une pointe, mais peut à l'occasion être richement paré. Ainsi la partie centrale figure parfois un bulbe à

15

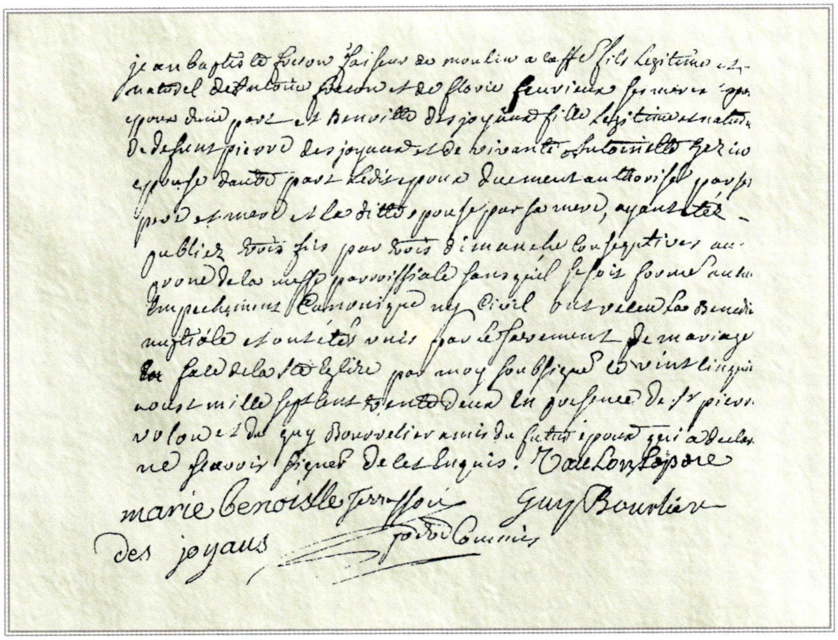

Document 2.
Acte de mariage de Jean-Baptiste Frecon, «faiseur de moulins à café», avec Benoitte Desjoyaux en l'an 1732. Deux de ses frères, Antoine en 1736 et Denis en 1738, sont pareillement déclarés «faiseurs de moulins à café» à l'occasion de leur propre mariage. Le père, Antoine, y est pour sa part indiqué armurier, profession si proche que les deux activités étaient parfois polyvalentes.
Michel Bourlier, Archives municipales de Saint-Étienne.

côté duquel trône un minuscule cœur à égale distance des deux ailes (photos 14 et 15).

Le poussoir, la serrure du couvercle en quelque sorte, est lui aussi sujet à des variations dictées par le souci du beau. Généralement simple dôme à l'arrondi approximatif, il peut connaître des formes plus stylisées (photo 15), voire représenter une tête grotesque. Située à l'opposé du poussoir, la charnière, simple ou double (à trois ou cinq nœuds), contribue elle aussi à la beauté de la ferronnerie. Elle est d'ordinaire en forme d'as de pique et permet d'articuler le rabat du couvercle et le bandeau cerclant le haut de la trémie. Simple ceinture métallique presque toujours dépourvue d'ornement, ce bandeau est quelquefois travaillé : sobrement ourlé aux extrémités et marqué en son centre par un anneau (motif circulaire pouvant être commun à l'ébénisterie, comme en témoigne ce même moulin), ou encore plus luxueusement ciselé d'un fin décor de rinceaux.

Le bandeau n'est que très rarement (revoir néanmoins la photo 13)

19 et 20.
«Louis XIV» à pieds signé CIZERON au revers du couvercle. Bouton du tiroir en forme de cœur. H. 18 cm. XVIIIe siècle. Coll. Malongo.

utilisé pour les inscriptions : en règle générale, celles-ci, lorsque le moulin en est pourvu, se trouvent au revers du couvercle et servent à indiquer le nom du fabricant, qu'authentifie parfois un poinçon. C'est le cas du moulin que nous venons de détailler : à la fois certificat de garantie avant la lettre pour l'acquéreur et, pour le créateur, signe d'attachement et de fierté vis-à-vis de son travail, ces « marques », dans les deux sens du terme, n'étaient cependant pas jugées suffisamment importantes pour être visibles de l'extérieur. D'inspiration essentiellement zoomorphe (coq, dauphin...), ou portant les signes de la royauté (couronne, fleur de lys), le poinçon ne doit surtout pas être interprété d'un point de vue géographique. Ainsi celui de J.B. Frecon, le célèbre Agneau pascal, est-il l'emblème traditionnel de la ville de Rouen, où il a été décliné sous toutes ses formes par les maîtres orfèvres du lieu. Pourtant Jean-Baptiste Frecon, « fils légitime

21.
Revers d'un couvercle «Louis XIV» signé J.B. FRECON LEBON estampillé du célèbre agneau pascal. Collection de l'auteur.

et naturel d'Antoine Frecon », déclaré « faiseur de moulin à café » en 1732 à l'occasion de son mariage avec Benoîte Desjoyaux, y est étranger puisqu'il vécut à Saint-Étienne (document 2). Bien d'autres fabricants de moulins du dix-huitième siècle y vécurent, comme l'attestent les recherches de Michel Bourlier, vice-président de l'association des Amis du Vieux Saint-Étienne, à qui ce livre doit beaucoup.

De la même manière, que le dauphin soit, pour ce qui est des poinçons de maître, essentiellement rattaché à Grenoble (mais aussi, couronné ou non, à Brest, Dunkerque ou Saint-Malo), ne doit pas nous induire à tirer de trop rapides conclusions.

Ces signatures, si on ne les considère pas comme point de départ d'investigations plus poussées, ne fournissent aucune indication sur la date et le lieu de production. C'est à peine si nous savons par expérience que telle signature est plus répandue que telle autre, avec toute l'imprécision qui se rattache à ce genre d'appréciations. Toutefois, le simple fait de dresser une liste de « marques » de « Louis XIV » (*voir tableau p. 124*) permet de donner la mesure du phénomène : d'un bout à l'autre du dix-huitième siècle, les fabricants de ce célèbre modèle se comptent par dizaines – il ne faut pas

22.
Moulin dont la forme générale ressemble à celle d'un «Louis XIV», à ceci près que la partie évasée du corps se trouve à la hauteur de la noix, tandis que le haut de la trémie est inhabituellement étroit. H. 20 cm. XVIIIe siècle. Coll. Malongo.

oublier qu'une proportion non négligeable d'entre eux omettait de signer leur ouvrage – non par centaines. Le procédé purement empirique, pour ne pas dire artisanal , qui nous a permis d'établir cette liste – relevé systématique des inscriptions figurant sur les « Louis XIV » à partir des catalogues de ventes spécialisées (moulins et/ou Art Populaire), voire des rares articles parus sur le sujet, examen et recensement des pièces du Musée Le Secq des Tournelles et de la collection Malongo, sans oublier une pratique assidue et gourmande des étalages de brocante et d'antiquités – en fixe bien entendu les limites. Cependant, le fait que les mêmes signatures reviennent souvent, comme s'il s'agissait d'un monde fermé, laisse à penser que les marques ayant échappé aux mailles du filet ne doivent pas être légion. Ce tableau, en outre, offre l'avantage de mettre en évidence que nous sommes parfois en présence non d'un simple artisan, mais d'un atelier familial, puisqu'au moins deux personnes de la même famille partageaient une activité commune : c'est le cas des Chapelon ou encore des Thivelier. Nous avons déjà vu par ailleurs que l'artisan qui signait J.B. Frecon Lebon n'était pas le seul de sa famille à fabriquer des moulins à café.

Nous touchons là à la question du mode de production des moulins sous l'Ancien Régime et, sans prétendre avoir tout résolu, nous avons conduit nos recherches assez loin pour y consacrer un chapitre particulier en fin d'ouvrage. Pour l'heure, nous nous contenterons de proposer l'hypothèse suivante : les maréchaux-ferrants et les taillandiers de proximité, que l'on devine aisément polyvalents, ne créant un « Louis XIV » que de temps à autre, entre une marmite et une râpe à tabac, au gré des demandes, étaient certainement bien plus souvent dépourvus de poinçon authentifiant leur production que les artisans spécialisés dans le moulin à café – tous modèles confondus, car, comme nous le verrons, un atelier tel que celui des Thivelier, ou un « faiseur de moulins à café » de la stature de Claude Chapelon, voire de J.B. Frecon, ne se limitaient pas à la fabrication des seuls « Louis XIV » – qui eux, nous le savons, signaient et estampillaient leurs créations.

Là est sans doute la véritable distinction : aux artisans ayant chacun fabriqué quelques rares « Louis XIV » correspond un petit nombre d'ateliers ou de fabricants renommés ayant produit une grande quantité de moulins, qui à l'occasion ont pu faire l'objet d'un soin exceptionnel dans le cadre d'une commande particulière. La part des premiers toutefois dans la production totale – et cela m'est apparu de plus en plus nettement au fur et à mesure de mes investigations – n'est, selon toute vraisemblance, en rien comparable à celle prise par les seconds.

S'il n'y a aucune raison pour que la proportion des moulins signés ait été différente de celle que l'on observe aujourd'hui dans les rangs clairsemés des moulins rescapés, cela ne veut pas dire que tout moulin signé soit issu d'un artisan ne produisant que des moulins (quelques uns étaient également armuriers) ni, surtout, qu'un moulin ne portant aucune signature ait obligatoirement été fabriqué par un artisan généraliste. La qualité de la fabrication, notamment, ne semble pas être un facteur déterminant : un « Louis XIV » signé n'est pas nécessairement de plus belle facture qu'un « Louis XIV » anonyme, tout au plus y a-t-il une forte probabilité pour que les rarissimes pièces sculptées soient signées et poinçonnées, c'est-à-dire à la fois identifiables et protégées, étape décisive menant à la marque.

La découverte – le mot n'est pas excessif – de ce livre aura été de s'apercevoir que la grande majorité des artisans ou des ateliers spécialisés dans la fabrication des moulins au dix-huitième siècle était regroupée à Saint-Étienne, localité dont l'histoire est intimement liée

au travail du fer, en tout premier lieu l'armurerie, mais encore et surtout à l'ensemble de la quincaillerie.
Principal modèle monoxyle français, le « Louis XIV » a été trop répandu pour ne pas léguer son lot de moulins atypiques, ayant à la fois un air de famille incontestable, mais également une singularité trop marquée – une trémie évasée à sa base (photo 22), ou un socle trop prépondérant (photo 23) – pour se voir accorder ce pedigree.

23.
Autre moulin ne ressemblant que grossièrement à un «Louis XIV» du fait de sa base carrée prépondérante.
H. 19 cm. Côté 9 cm. XVIIIe siècle.
Coll. Malongo.

24.
Exceptionnel moulin monoxyle à réceptacle métallique monté sur pieds. L'extrémité de la trémie est cerclée d'un bandeau en fer ciselé sur fond doré. Ornementation en laiton constituée de fleurs de lys et d'angelots portant une couronne royale incrustée dans le corps en bois, tandis que la décoration du bandeau se retrouve à la hauteur du tiroir. moulin signé
B. DEL PIRA SENZEILLE.
H. 19 cm. Côté 8 cm. Fin XVIIe ou début XVIIIe siècles.
Musée Le Secq des Tournelles.

Chapitre 3

Une multitude de formes : le moulin en bois

Autres modèles monoxyles

25.
Moulin en bois, fer et laiton, de même conception et de même époque. Motifs en forme de fleur et de losange. H. 16,5 cm. Côté : 7 cm. Coll. Malongo.

Parallèlement aux débuts du « Louis XIV », à la charnière du dix-septième et du dix-huitième siècle, un autre modèle de moulin à café monoxyle voyait le jour. Son destin fut trop modeste pour laisser un nom à la postérité, mais il s'agit d'un véritable modèle, exécuté avec quelques variantes par divers artisans. Un spécimen de toute beauté est conservé au Musée Le Secq des Tournelles. Fidèle aux caractéristiques du genre :

26.
Quatre moulins en bois, fer et laiton illustrant la diversité, dans l'unité, du principal modèle monoxyle hollandais. La trémie cylindrique en laiton est tantôt traitée en balustre, tantôt droite et accompagnée ou non de fines ciselures. La manivelle, parfois pliante, est amovible afin de permettre l'accès à la trémie. Sur le tiroir, un cadre rectangulaire abrite un décor en laiton repris à l'identique sur les trois autres côtés : un losange, ou l'incrustation de quatre «S» couchés sont les motifs les plus fréquents. H. 13 à 18 cm. Hollande. Début XIXe siècle. Coll. Malongo.

base métallique sur pieds, corps à section carrée puis ronde, il bénéficie d'une profusion de décors qui n'alourdit en rien l'ensemble (photo 24). À la vue de ce seul moulin, on pourrait croire que l'abondance et la finesse des motifs ont rendu sa propagation impossible : trop somptueux et trop compliqué à fabriquer pour avoir la moindre chance de devenir autre chose qu'une pièce exceptionnelle. De fait, aux antipodes d'un modèle générique, sa destination est davantage celle d'un objet de commande : un moulin de même type, en provenance des Ardennes, et ayant par deux fois connu de belles enchères lors de ventes spécialisées, porte les armoiries de Pierre Delpire ainsi que l'inscription, à la hauteur du tiroir en fer et en laiton, « Pierre Delpire/A Philippeville », gravé dans un cartouche, ce qui signifie sans équivoque qu'il a été fabriqué spécialement à l'attention de son destinataire. Pourtant, à l'exception de sa collerette et de ses anneaux situés à la base de la partie ronde qui ne sont pas des éléments de décoration facultatifs mais bel et bien des caractéristiques du modèle (au même titre que la coexistence de fer et de laiton, notamment sur la façade du tiroir), incriminer sa seule structure comme cause de sa production confidentielle serait excessif : pour preuve, cet autre exemple (photo 25), certes déjà honorablement travaillé, mais sans commune mesure avec celui de la photo précédente et qui nous permet de concevoir l'éventualité d'un moulin privé de tout ornement.

Le dernier modèle monoxyle à découvrir est hollandais et date du début du dix-neuvième siècle. D'une configuration somme toute homogène – la trémie cylindrique, à l'instar des moulins turcs, est invariablement en laiton, de même que les motifs de décoration sur la section carrée sont toujours à base d'incrustations de fils de laiton, dessinant souvent quatre « S » allongés par côté – il varie néanmoins par le traitement de la trémie, droite ou de forme balustre (photo 26). D'un point de vue technique, le mécanisme de broyage du modèle hollandais est intégré au fût par le dessous du moulin et est retenu d'un côté par une entretoise horizontale, de l'autre par un renforcement circulaire situé à la base de la trémie.

MOULINS EN BOIS TOURNÉ

De forme cylindrique ou balustre

27 et 28.
Moulins en bois tourné se dévissant en trois parties. H.16 et 17 cm. XVIIIe siècle. Coll. de l'auteur

Aux modèles monoxyles, on oppose bien évidemment les moulins composés de plusieurs éléments. Apparus en règle générale après les moulins faits d'une seule pièce, mais en partie contemporains dans leur fabrication, ceux en bois tourné, notamment, offrent une grande variété de formes et de styles, et ont d'autant plus concurrencé les modèles monoxyles que le dix-huitième siècle s'achevait.

Un modèle type de moulin en bois tourné, de forme cylindrique ou balustre est composé de trois parties : le couvercle, l'élément central qui contient le mécanisme de broyage et le réceptacle, vissées les unes aux autres (photos 27 et 28). Un autre modèle, très proche, se distingue du premier par sa silhouette plus élancée (sa taille, de fait, est en général plus élevée) qui évoque approximativement un poivrier moderne ou une bouteille de lait (photos 29 et 30). L'un comme l'autre ont une manivelle amovible, puisqu'il est indispensable de l'ôter pour dévisser le couvercle et accéder à la trémie.

Une variante peu répandue concerne la partie basse du moulin, dont la forme n'est plus celle d'une coupelle ou d'un pot mais est simplement carrée, à l'image de bien des monoxyles, ainsi que le montrent les photos 31 et 32.

29.
Moulin cylindrique en noyer composé de trois parties. H. 24 cm. Fin XVIIIe siècle. Coll. Malongo.

30.
Moulin de même conception et de même époque en forme de fiole (couvercle manquant). H. 19 cm. Coll. Malongo.

31.
Petit moulin en noyer composé de trois parties (couvercle, trémie, réceptacle) et muni d'un original système d'ouverture latéral. Manivelle en buis. H. 13,5 cm. XVIIIe siècle. Coll. Malongo.

32.
Moulin provençal en noyer dont la trémie inspirée des modèles cylindriques se visse sur un socle comprenant le tiroir. H. 20 cm. Côté 10,5 cm. Fin XVIIIe siècle. Coll. Malongo.

33.
Rare moulin cylindrique dissimulant sa fonction. En forme de pot à tabac, il se dévisse en quatre parties. H. tot. 23,5 cm. Fin XVIIIe ou début XIXe siècles. Coll. Malongo.

34.
Autre moulin en bois masquant sa fonction. Il se dévisse en quatre parties et son réceptacle est décoré de deux femmes assises dans un jardin. . H. tot. 22 cm. Première moitié du XIXe siècle. Coll. Malongo.

37.
Beau moulin cylindrique en bois de Gaïac muni de bagues en laiton enserrant la boule centrale et le haut de la trémie. H. 22 cm. Début XIXe siècle. Coll. Malongo.

38-39.
Ce luxueux moulin en acajou se dévisse en quatre parties. Les pieds et l'anneau du chapeau sont en ivoire. Cette pièce de maîtrise possède une manivelle qui se range à l'intérieur de sa trémie afin de mieux dissimuler sa fonction. H. 22,5 cm. Côté 11 cm. France. Époque Empire. Coll. Malongo.

Moulins dissimulant leur fonction

Une branche particulière des modèles en bois tourné est constituée des moulins dissimulant leur fonction. Leur caractéristique première, quelle que soit leur apparence, est, par définition, qu'ils ne ressemblent absolument pas à des moulins. Si cela suffit indéniablement à les réunir au sein d'une même famille, leur subdivision en modèles spécifiques ne doit pas pour autant être oubliée. Au-delà des seuls moulins, ils se rattachent aussi, en amont, à d'autres ustensiles plus ou moins courants d'Art Populaire, à l'image de certaines tabatières et boites à priser de la fin du dix-huitième ou du début du dix-neuvième siècles qui occultent bien sûr leur fonction mais aussi parfois, sous des décors et artifices variés, masquent un détail particulier, comme par exemple le mécanisme de fermeture d'un couvercle.

Fait étrange, quels que soient leur origine et leur style, ces modèles ont tous pour spécificité, à l'exception de très rares moulins métalliques, d'être en bois tourné, comme si tout objet décoratif susceptible de travestir l'apparence d'un moulin et d'abriter un système de broyage devait nécessairement avoir des contours arrondis.

Parmi eux, le pot à tabac est une figure incontournable. D'aspect parfois fort éloigné, comme l'attestent les clichés 33 et 34, une unité de conception rapproche néanmoins ces moulins, composés chacun de quatre éléments distincts : le chapeau, la trémie, une pièce centrale à laquelle est fixé le mécanisme et enfin le réceptacle, sans compter la manivelle amovible et pliante qui se dissimule à l'intérieur.

35 et 36.
Cet objet insolite en bois fruitier a bien partie liée avec une boisson, mais pas avec celle qu'il évoque. Outre la manivelle, qui s'abrite à l'intérieur du réceptacle, ce moulin se dévisse en cinq parties.
H. 19,3 cm.
Diamètre 7,8 cm.
XIXe siècle.
Coll. de l'auteur.

Très proche, mais plus prés d'une bouteille ou d'un flacon que d'un pot à tabac, le moulin des photos 35 et 36 se compose lui non pas de quatre éléments mais de cinq : rigoureusement identique au moulin précédent pour ce qui est du réceptacle, de l'anneau central et de la trémie, il diffère dans sa partie haute par son bouchon qui se sépare du couvercle en laque noire. Obligation du genre, sa manivelle est pliante et amovible, puisque rien mieux qu'une manivelle ne trahit ni ne permet d'identifier un moulin (photo 37).

Tout en conservant une volonté de dissimulation et de décoration,

40.
Moulin en bois de Gaïac dont la partie inférieure destinée à la mouture se visse à celle du haut. La manivelle pliante et démontable – qui se range à l'intérieur du moulin –, ainsi que le pas de vis visible sur le haut de la trémie, indiquent qu'il manque le couvercle plat, lui-même surmonté d'un long bouton balustre formant bougeoir. H. 15 cm. Angleterre. Fin XVIIIe ou début XIXe siècles. Coll. Malongo.

41 et 42.
Moulins provençaux de comptoir en bois et fer, inspirés de modèles italiens. Trémie en bois tourné, couvercle et manivelle amovibles. Deux équerres latérales attachent le corps du moulin à son socle. H. des deux moulins 23 cm. Début XIXe siècle. Coll. Malongo.

l'allure générale du moulin ne reproduit pas nécessairement l'apparence d'un objet connu (photos 38 et 39).

A la même époque – fin du dix-huitième et début du dix-neuvième siècles –, une autre branche, et non des moindres, de la famille des moulins en bois tourné dissimulant leur objet apparaissait Outre-Manche. Sculptés dans du gaïac, bois dur et dense jadis importé d'Amérique Centrale, ils simulent tantôt une urne funéraire, tantôt un objet pareillement hermétique et particulièrement travaillé dans sa forme balustre, que l'on peut aussi bien, faute d'un terme plus approprié, qualifier d'urne (photo 40).

Moulins partiellement en bois tourné

Fabriqué dans la première moitié du dix-neuvième siècle et, semble-t-il, originaire de Provence, un dernier modèle partiellement en bois tourné occupe une place particulière parmi le moulins pré-industriels en ce qu'il est, par sa trémie trop large pour se limiter à un usage domestique et par ses solides fixations latérales garantes d'une stabilité parfaite, un des premiers modèles de comptoir ou d'épicerie (photos 41 et 42), terme qui justement symbolise d'ordinaire le moulin industriel dans sa splendeur conquérante, partant à l'assaut, par bataillons serrés de moulins Peugeot ou autres, des commerces les plus reculés de nos campagnes. En dehors de son élégance, de sa spécificité et de sa rareté, il compte parmi les quelques modèles ayant été produits dans des essences de bois variés : noyer bien sûr, mais aussi merisier et plus encore chêne. Incidemment, d'autres moulins en chêne peuvent eux aussi être partiellement en bois tourné (photo 43). Si l'origine géographique de ce moulin ne fait guère de doute, il n'illustre pas pour autant un modèle précis, comme

43.
Moulin en chêne à trémie extérieure en cuivre. H. 14,5 cm. Flandre. Début XIXe siècle. Coll. Malongo.

44.
Moulin cylindrique en bois composé d'un couvercle, de la partie centrale et majeure à la découpe octogonale qui accueille tout aussi bien les grains que la mouture, et d'une base aujourd'hui abîmée. H. 17 cm. Début XIXe siècle. Coll. Malongo.

cela du reste arrive de temps à autre, qu'il s'agisse de moulins en bois tourné ou de moulins qui, du fait de leur rotondité, ne font qu'évoquer de façon approximative ces derniers (photo 44).

BÂTI EN BOIS DE SECTION CARRÉE

Ce titre austère ne cache rien de moins que le modèle dominant entre tous, celui par qui ce livre aurait pu commencer, mais que l'on aurait tout aussi bien pu passer sous silence, tant on oublie parfois de mentionner l'évidence. Comme tout archétype, l'image stéréotypée du moulin à café – une boite cubique en bois pourvue d'un tiroir et surmontée d'une manivelle – ne se laisse volontiers ni classer ni dater. Aussi phénoménal qu'ait été son succès à l'ère industrielle, ce genre incontournable, l'aïeul direct du moulin de nos aïeux, est bel et bien apparu dès le deuxième quart du dix-huitième siècle, alors que d'autres modèles plus anciens avaient jusqu'alors la faveur des artisans et que rien n'indiquait à priori qu'il allait bientôt symboliser tous les moulins.

A leur planche bilobée prés, destinée à la fixation latérale, les moulins de la photo 45 illustrent parfaitement la version « dix-huitième siècle », si l'on peut se permettre ce raccourci fallacieux, des moulins de nos grand-mères.

Parfois annoncés début, voire milieu du dix-neuvième siècle (peut-être justement parce que l'on voit en eux les ancêtres directs des moulins industriels), alors qu'un simple examen de visu permet de les situer clairement cinquante à cent ans plus tôt (la noix, pour ne parler que d'elle, est indubitablement « dix-huitième »), nous possédons à présent deux preuves concordantes qui nous permettent d'avancer une datation précise, et ce, une fois encore, grâce à Michel Bourlier :

45.
Ces deux moulins en noyer, fer et laiton, chinés à plus de 700 km l'un de l'autre, ont été fabriqués par le même artisan, GILLIER LEBON, comme l'attestent le poinçon et le nom gravés sur la manivelle. Fixation du moulin par ses oreillettes de côté, système de blocage du tiroir, attaches latérales du mécanisme de broyage en forme de cœur, poignée en buis. H. (du socle à la trémie) 17 et 17,5 cm. Côté 13 cm. France. Milieu du XVIIIe siècle. Coll. de l'auteur.

parmi les quelques deux cent actes paroissiaux relatifs aux Gillier de 1670 à la Révolution, il a retrouvé l'acte de mariage du Gillier qui fabriqua les deux moulins ici photographiés (document 3). À la vérité, un très léger doute subsiste : non parce que Jean Gillier y est dit « armurier » plutôt que « faiseur de moulins à café » mais parce que deux Jean Gillier sont susceptibles d'avoir signé ces moulins. Historiquement, cela ne fait aucune différence car si le premier, dont nous reproduisons l'acte, s'est marié en 1742, le second fit de même en 1743. Une légère présomption nous incline toutefois à penser qu'il s'agit bien de ce Jean Gillier là : Benoist Thivelier, célèbre faiseur de moulins, a cosigné l'acte, ce qui, à défaut d'une preuve, constitue tout de même un indice.

Reste certes un François Gillier déclaré fabricant de moulins un peu plus tard (en 1761), mais, outre le fait, comme nous le verrons dans un instant, que l'adjonction du terme « Lebon » serait alors moins justifiée, cela ne change strictement rien quant à la datation de ce modèle : le moulin de la photo 46 atteste que Jean-Baptiste Frecon, artisan que nous avons déjà rencontré au chapitre précédent (photos 14 et 15) et qui, pour sa part, a été authentifié faiseur de moulins à café lors de son mariage en 1732, fabriquait aussi bien des « Louis XIV » que ce modèle.

Des moulins similaires, bien entendu, peuvent avoir été fabriqués par la suite, et J.-B. Frecon pas plus que Gillier Lebon ne peuvent prétendre à l'exclusivité du genre : à en croire un catalogue de vente aux enchères, un artisan signant I.B. (ou J.B.) LEFIN en a notamment produit de quasi-identiques, semblables jusque dans la poignée du tiroir en

DOCUMENT 3.
Acte de mariage de «l'armurier» Jean Gillier, «âgé d'environ trente ans», et d'Antoinette Francon. Signe du fort cloisonnement dans lequel vivaient les fabricants de moulins à café stéphanois au milieu du XVIIIe siècle, la signature de Benoist Thivelier est visible en bas de l'acte. Michel Bourlier. Archives municipales de Saint-Étienne.

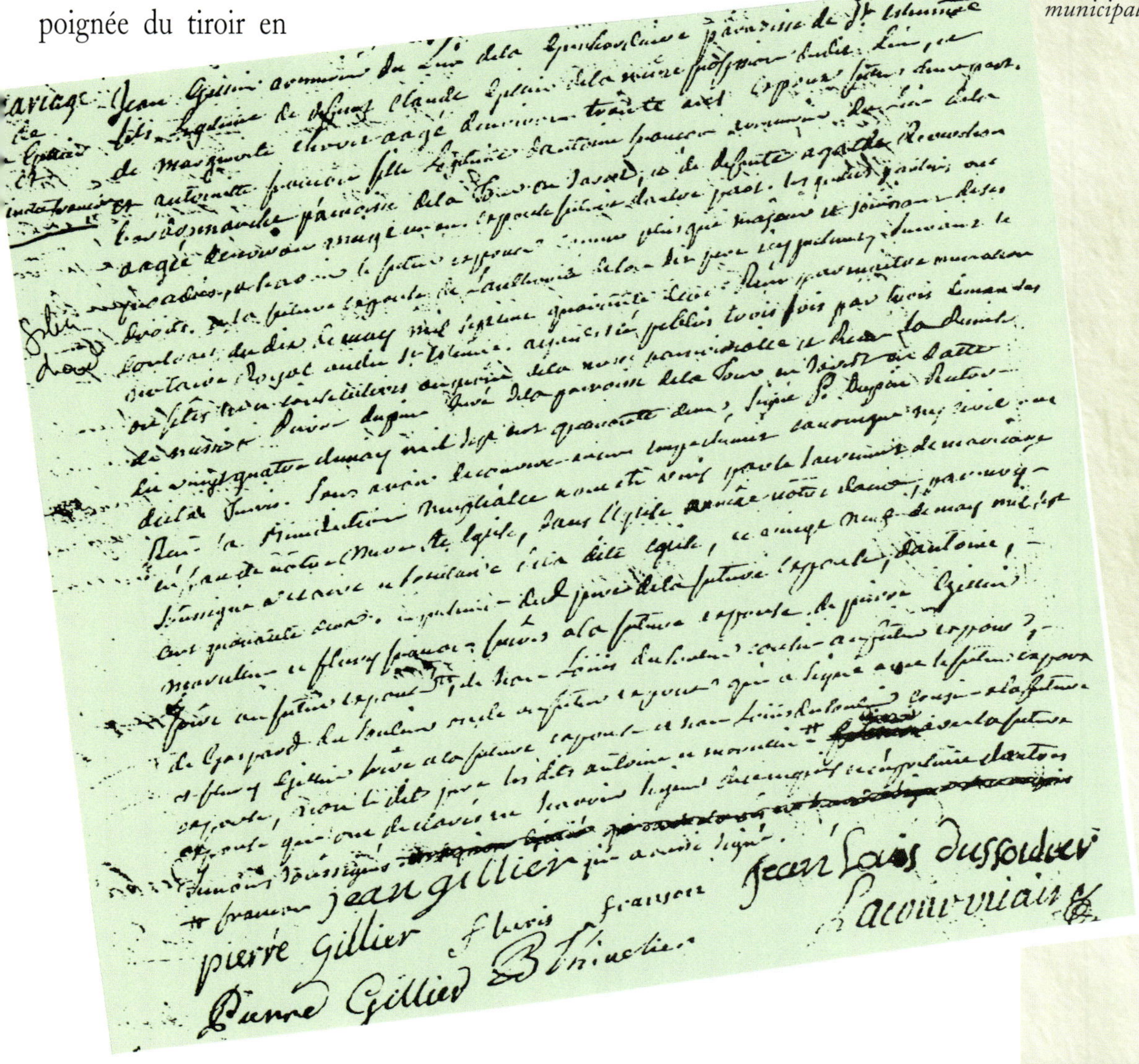

46.
Moulin similaire, mais dont les oreillettes de côté ont été sacrifiées. La manivelle est gravée J.B. FRECON LEBON, accompagné de l'agneau pascal. À l'origine, le tiroir devait être identique à ceux de la photo 45. H. (du socle à la trémie) 16,5 cm. Côté 13,5 cm. France. Deuxième tiers du XVIIIe siècle. Coll. de l'auteur.

fer forgé qu'accompagne le même fleuron en laiton. Toutefois, et en dehors des réserves que suscitent les marques uniquement relevées sur les catalogues de vente, il est plus que probable que les artisans ayant fabriqué ce modèle n'aient pas été légion. Lors de l'exposition *Moulins à café XVII-XVIIIe siècles... redécouverte d'une production stéphanoise,* organisée en novembre et décembre 1998 par le Musée du Vieux Saint-Étienne et qui concrétisa l'aboutissement des recherches effectuées, quatre moulins de ce modèle étaient présents : aux côtés de celui signé J.-B. Frecon Lebon se trouvaient trois moulins signés Gillier Lebon. Cela ne suffit certes pas à établir une statistique, mais il peut difficilement s'agir d'une simple coïncidence. Quoi qu'il en soit et quelque annonciateur que soit ce modèle des moulins plus modernes, nous le pensons suffisamment typé et caractéristique d'une époque pour que sa fabrication ait continué au-delà de la fin du dix-huitième siècle.

La photo 45 permet en outre de mesurer le peu de différences qui existent entre moulins artisanaux du même fabricant : la poignée en buis est certes plus ou moins élancée, comme est plus ou moins prononcé le galbe de la manivelle ; les attaches en forme de cœur assurant la verticalité de la noix tantôt frôlent le rebord du moulin et tantôt se cantonnent sous les parois du bol, dont le diamètre varie d'ailleurs pareillement ; le renforcement en fer des oreillettes latérales, enfin, peut aussi bien être ovale qu'en losange, mais ce qui ressort surtout de cette comparaison, est la ressemblance indéniable qui unit ces moulins, si bien qu'en dépit d'un « vieillissement » plus ou moins accentué selon leur état de conservation, la surprise en fait serait d'apprendre que les mains qui ont mené à bien ces patients assemblages n'étaient, sinon les mêmes, du moins tributaires d'un mode de production identique.

L'ajout du terme « Lebon » après les patronymes « Frecon » ou « Gillier », suivi pour ce dernier d'un poinçon aux contours aujourd'hui difficilement déchiffrables (document 4), appelle quelques éclaircissements. Nous verrons, lorsque nous aborderons plus en détail les Thivelier, qu'un des artisans de cette lignée signait de même « Antoine Thivelier Lebon ». Sans être très fréquente, cette pratique n'était bien sûr pas réservée aux faiseurs de moulins : ainsi un artisan spécialisé dans la fabrication de fiches – sorte de charnière dont les ailes sont insérées à l'intérieur du battant en bois des fenêtres – et recensé dans le *Catalogue des poinçons des forgeurs de fiches stéphanois aux dix-septième et dix-huitième siècles* (Fenêtres de Paris, XVIIe et XVIIIe siècles, Cahier de La Rotonde n° 18, Commission du Vieux Paris, janvier 1997, pp 77 à 113), et auquel Michel Bourlier a participé, signait-il, lui aussi, dans la seconde moitié du dix-huitième siècle, C. Noyari Le Bon. Cette dénomination, qui s'écrit indifféremment en un ou deux mots, n'est que la marque amusante d'une publicité avant la lettre, qu'il faut lire de la façon la plus littérale qui soit : Gillier, le bon artisan, ou encore J.-B. Frecon, le bon faiseur de moulins. Rien à voir donc, semble-t-il, avec la dynastie de forgeurs répondant justement au nom de Bon qui travaillait alors à Saint-Étienne.

Hormis sa raison d'être publicitaire, l'appropriation du terme

DOCUMENT 4a
Estampille relevée au noir de fumée sur le dessus de la manivelle du moulin de droite de la photo 45.

DOCUMENT 4b.
Estampille relevée au noir de fumée sur le dessus de la manivelle du moulin 46.

« Lebon » était peut-être d'autant plus utilisée qu'il y avait nécessité d'opérer une distinction. Pour ce qui est d'Antoine Thivelier Lebon, l'hypothèse semble valide : Benoît Thivelier a par deux fois, à une vingtaine d'années d'intervalle, prénommé l'un de ses fils Antoine, et tous deux ont poursuivi l'activité familiale, la fabrication de moulins à café. Les autres noms évoqués ici – Frecon, Gillier et, pour les fiches, Noyari – n'infirment pas non plus cette hypothèse : même si, à la différence des Thivelier ou des Chapelon, on ne connaît, au travers des moulins ayant survécu à plus de deux siècles et demi d'histoire, qu'un seul artisan répondant au nom de FRECON, nous savons aujourd'hui que cette famille donna en fait naissance à quatre artisans en filiation directe – le père, bien qu'il soit aussi dit armurier, deux fils et un petit-fils – qui partagèrent cette activité de la fin du règne de Louis XIV au milieu du dix-huitième siècle. Le cas n'est guère différent pour les Gillier (deux Jean Gillier portant au même moment le même nom dans la même ville), et, en ce qui concerne C. Noyari Lebon, la même localité avait abrité, plus tôt dans le siècle, un Pierre Noyari, puis un Antoine Noyari, eux aussi fabricants de fiches.

47 et 48.
Moulin qui, sa carrière durant, fut rivé au comptoir d'un café de Saignon, près d'Apt (dessus de manivelle frappé des initiales FSD), et, ci-dessous, moulin qui officia à une trentaine de km de là, dans une ferme de Banon. Fabriqués dans le sud-est de la France en petites séries, de tailles et de bois différents, ils sont caractérisés par leur rectangle incrusté au centre du tiroir et par le fait assez rare d'avoir un corps en bois plus large que haut.
Leur forte ressemblance n'exclut pas quelques différences de fabrication : assemblage à tenons et mortaises dans un cas, à chevilles en bois dans l'autre.
H. (du socle à la trémie) : 16,5 et 17,5 cm. Milieu du XIXe siècle.
Coll. de l'auteur.

Au cours du dix-neuvième siècle, et ce d'autant plus qu'on se rapprochait de la période industrielle, certaines modifications apparurent sur ce type de moulins, qui toutes allaient vers une simplification de la forme et du décor : arrondis du socle beaucoup plus étroits, désormais privés de renforcement métallique et qui bientôt auront tout à fait disparu, bouton de manivelle sans recherche esthétique particulière, ou encore attaches du mécanisme de broyage non plus en forme de cœur mais purement fonctionnelles. Les photos 47 et 48 sont, à cet égard, très représentatives de ces moulins artisanaux transitoires, à mi-chemin de la fabrication du dix-huitième siècle riche d'un travail de ferronnerie marquant à l'évidence le souci de la décoration, et du moulin classique, dépouillé du superflu, qui sera reproduit à l'infini par l'industrie naissante. Ces deux moulins ont en outre la particularité d'être plus larges que hauts, ce qui bien sûr n'est pas une obligation du genre. Il en va tout autrement de la trémie, nécessairement ouverte sur ce modèle, et non encore intégrée au bâti comme elle le sera très souvent par la suite dans la production industrielle, où, à l'occasion, sur certains moulins. Ainsi, un modèle provenant d'Autriche-Hongrie (photo 49) dont le dénominateur commun est de posséder une trémie cachée, façonnée dans une pièce de bois, à laquelle on accède par un couvercle qui ne s'ouvre que partiellement, sur un tiers environ de la surface, principe que nous retrouverons en usage sur les couvercles métalliques des moulins flamands.

L'autre signe distinctif de ce modèle est sans conteste ses boutons de tiroir et de couvercle en forme de clef, tandis que son bras de manivelle doit à sa zone de production sa silhouette plus large et travaillée qu'à l'accoutumée.

49.
Moulin en merisier à trémie intégrée au bâti. Une clef permet d'ouvrir ou de bloquer tiroir et couvercle, lequel ne s'ouvre que sur un tiers environ de sa surface. Bras de manivelle large et travaillé. Autriche-Hongrie. H. (du socle au couvercle) 14 cm. Côté 12 cm. XIXe siècle. Coll. de l'auteur.

Le modèle flamand

Les moulins flamands se caractérisent, eux aussi, par un corps en bois cubique surmonté d'une trémie extérieure en laiton, mais ils ne sont pourtant en rien assimilables aux moulins précédents. Apparus dès la fin du dix-huitième siècle, ils se propagèrent surtout durant la première moitié ou au milieu du dix-neuvième siècle, cela pour la production artisanale, car, bien entendu, cette famille de moulins a, elle aussi, donné vie à sa propre descendance industrielle.

Modèle riche et varié comme l'est tout modèle important, il regroupe néanmoins des moulins aux caractéristiques prononcées, facilement répertoriables. La trémie en laiton, tout d'abord, est d'assez grande envergure, presque tout le temps évasée, et généralement composée d'un départ concave et d'une partie haute convexe. La présence ou non d'un couvercle, formé invariablement d'une partie principale fixe et d'une petite partie mobile (le tiers du couvercle environ), constitue la différence la plus notoire observée d'une trémie à une autre, les plus anciennes en étant d'ordinaire dépourvues. Sans être systématiques, les quatre colonnettes qui occupent

50.
Moulin flamand à pieds décoré de rosaces, de demi-colonnes torsadées et incrusté, aux coins du plateau supérieur, des quatre couleurs d'un jeu de cartes. Trémie extérieure en laiton munie d'un couvercle. Fin XVIIIe siècle. Coll. Malongo.

chacune un angle du moulin représentent un élément à la fois majeur et récurrent du décor, lequel est fondamental sur ce modèle. Il s'agit, en fait, aussi bien de demi-colonnes torsadées dont la place a été aménagée dans des angles « rentrants » ou « abattus » (photo 50), que de véritables colonnes, également torsadées, marquant les angles disparus d'un corps non plus carré mais arrondi (photo 51). Dans de plus rares cas, les contours du corps ne sont exactement ni ceux d'un cube ni ceux d'un cylindre, mais à mi-chemin de ces deux figures, comme l'illustre le moulin de la photo 52. Les colonnes, qui dans ce cas ne sont plus torsadées, compensent leur sobriété par des chapeaux en bois de la forme d'une toupie qui les prolongent sur le plateau supérieur. Présentes surtout lorsqu'il n'y a pas de colonnes, ces pointes sont le plus souvent en laiton, non en bois, et se comptent d'ordinaire par quatre, une pour chaque angle (photo 53). En dépit de son décor gravé dont le motif est repris sur chacune de ses faces (encadrements et croisillons coutumiers du modèle), ce moulin serait non pas flamand mais alsacien, selon le collectionneur Jacques-Henri Bloch, qui en fut un temps le propriétaire. Il reste néanmoins assimilable à la même « lignée » de moulins, ce que nous ne saurions affirmer de celui figurant sur la photo 54, beaucoup trop différent pour

*51.
Moulin flamand à pieds et à colonnes au corps arrondi. Trémie ouverte. Milieu du XIXe siècle.
Coll. Malongo.*

52.
Rare moulin flamand polygonal, reposant sur huit pieds et chapeauté d'autant de pointes en bois. Trémie caractéristique du genre, ici munie d'un couvercle. Vers 1850. Coll. Malongo.

être représentatif du modèle, quelle que puisse être son origine géographique. Le fait d'être recouvert d'un bois de plaquage n'est cependant pas ce qui l'exclut du modèle, au contraire : les moulins flamands sont en effet d'essences variées - noyer bien sûr, mais aussi chêne, hêtre, merisier, châtaignier, voire ronce de frêne - et ont, plus souvent que d'autres, recours à un bois de plaquage, comme l'acajou par exemple. L'absence de pied, la configuration classique de la trémie ou encore des pointes situées loin du rebord et semblables à des dômes incitent davantage à ne voir dans cette pièce qu'un beau moulin cubique en bois à trémie ouverte et au décor particulièrement raffiné.

53.
Moulin à pieds en bois sculpté. Décors repris à l'identique sur chacun des panneaux. Pieds, pointes, fleuron et trémie ouverte en laiton. Alsace. 1880. Coll. Malongo.

54.
Moulin en bois de placage et marqueterie. Trémie et dômes en laiton.
Le bouton de la manivelle et la ferronnerie du tiroir sont peu communs, à l'image du moulin tout entier.
XIXe siècle.
Coll. Malongo.

Moulins à planche de stabilisation

Les moulins à planche de stabilisation ont vu le jour en Turquie où, à quelques exceptions prés, ils ont longtemps été la seule alternative aux modèles cylindriques en laiton. Mise à part l'infime proportion que représentent des productions atypiques issues de certaines régions françaises comme l'Alsace, les moulins à planche de stabilisation non turcs proviennent pour la plupart d'Europe de l'est, dans la zone d'influence de l'Empire ottoman, et de l'Autriche voisine.

*56.
Très beau moulin turc en noyer à planche de stabilisation. Un fine et élégante rosace occupe le milieu de la planche, dont le contour galbé est lui aussi sculpté. L'intérieur du tiroir, en fer et en bois, évoque une pelle ; le bouton est en ambre. Le bol est fixé par deux vis qui ont l'apparence d'un grain de café. L'extrémité de la manivelle permet de serrer par le dessous les deux boutons qui, seuls, assemblent les différentes parties en bois du moulin. XIXe siècle. H. 19 cm. L. 41 cm. Coll. de l'auteur.*

Différents des modèles européens classiques non seulement par leur signe distinctif majeur, la longue planche qui offre au moulin une assise maximale, mais aussi par leur mode d'assemblage particulièrement économe en clous et en vis, les moulins turcs à planche de stabilisation se divisent en deux groupes assez éloignés l'un de l'autre pour former deux modèles spécifiques : le premier, qui regroupe les moulins les plus recherchés et les plus imposants par leur taille mais encore et surtout par leur décor aux motifs le plus souvent géométriques, réalisés par l'incrustation dans le bois, d'os, de corne et de nacre, se distingue par une haute trémie étroite et fermée (photo 55), presque toujours en laiton ciselé, radicalement différente des trémies évasées et ouvertes du second modèle. Parfois pourvu d'un très joli et très fin décor, celui-ci est d'ordinaire réalisé sans marqueterie, par simple sculpture dans le bois (photo 56), bien que dans certains cas, il

55.
Imposant moulin à planche de stabilisation en noyer. Haute trémie en laiton ciselé. Riche décor composé de motifs géométriques, de croissants de lune et d'un bouquet de neuf fleurs. Turquie. XIXe siècle. Coll. Malongo.

y ait utilisation de verres colorés, de clous en laiton, voire de points argentés (de même, car il faut se garder de trop généraliser, si aucun moulin du premier modèle n'est petit, certains du second peuvent à l'occasion être très grands). Les moulins à planche d'Europe s'apparentent bien davantage, il va sans dire, à ces moulins qu'à ceux de la première catégorie, à haute trémie fermée.

Entre autres lieux de production, les ateliers d'ébénisterie de la région de Bursa, au nord-ouest de la Turquie, étaient célèbres et appréciés de la clientèle aisée pour la qualité de leurs moulins, qu'accompagnait parfois une boite assortie à double compartiment destinée au café et au sucre (photo 57). À la fin du dix-neuvième siècle, la fabrication de ces moulins artisanaux cessa définitivement à la différence du modèle cylindrique en laiton qui prospéra et se propagea industriellement à travers le Moyen-Orient durant tout le vingtième siècle.

S'il est relativement aisé de distinguer un moulin à planche de stabilisation turc d'un moulin européen du même genre, il est en revanche beaucoup plus difficile de déterminer avec précision l'origine géographique de ces derniers. Comme ils étaient assez fréquemment offerts en cadeau de mariage, leur planche porte parfois, quand l'inscription ne se limite pas à de simples initiales, le nom des époux, ainsi, bien souvent, que la date du mariage (cas de figure vraisemblable du moulin de la photo 58), ce qui, bien sûr, peut constituer un indice précieux.

La planche des moulins autrichiens prend, à l'occasion, une forme qui est en elle-même un décor : plateau dont l'extrémité est découpée en forme de cœur, courbe prononcée déportant la planche sur la droite ou sur la gauche ; mais on ne saurait affirmer sans risque d'erreur que ce pays ait eu l'exclusivité du procédé.

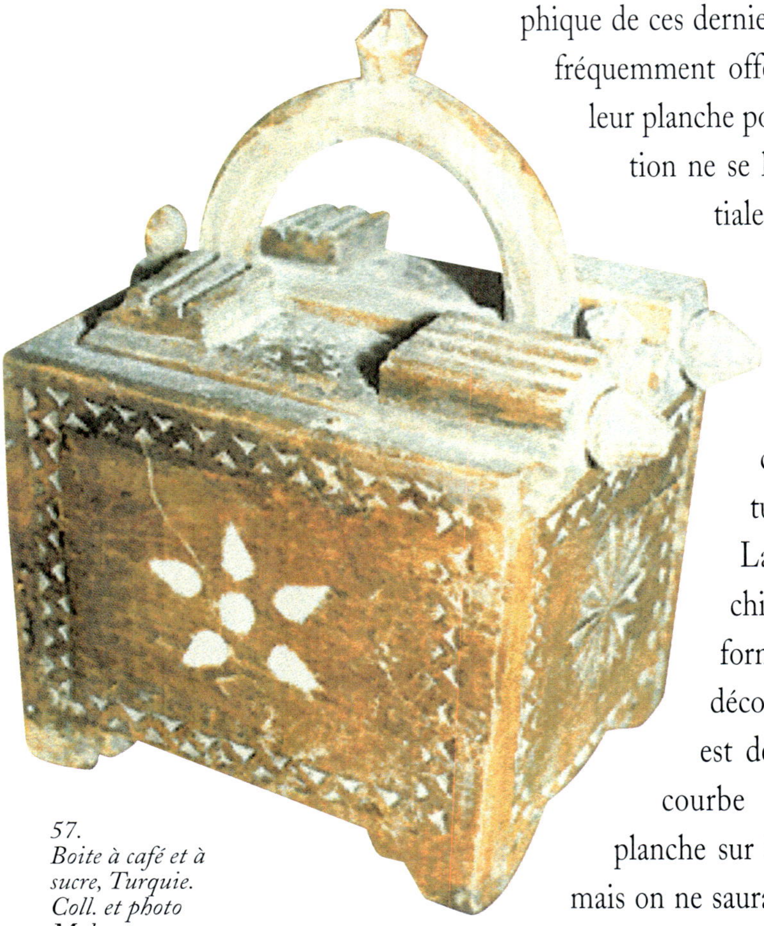

*57.
Boite à café et à sucre, Turquie.
Coll. et photo Malongo.*

*58.
Moulin à planche chantournée et à trémie en tôle festonnée. Au dessus d'une longue fleur gravée sur le devant de la planche, est inscrit «JM JUBEL IATH 1819» – possible année de mariage des susnommés.
Europe de l'est ou Europe centrale.
Coll. Malongo.*

MOULINS À BOITE, TRÉMIE ET MÉCANISME EN BOIS

Davantage en bois qu'aucun autre modèle, puisque même la noix et le cône qui l'entoure, invariablement métalliques tous types de moulins confondus, sont ici en bois, avec, pour seule concession faite au métal, des lames de fer incrustées afin de donner au mécanisme de broyage la rugosité nécessaire, une dernière variété parmi les moulins à café produits artisanalement ne doit pas être oubliée, quelque atypique qu'elle soit, dans la mosaïque des moulins en bois. Plus proche des moulins à grain que des autres moulins à café d'épicerie, auquel pourtant il se rattache, ce modèle est apparu tardivement puisqu'il est contemporain de l'industrie naissante.

Caractérisé donc par l'absence presque totale de métal – aux lames de fer, il faut toutefois ajouter le plus souvent une platine métallique fixée au centre de la noix, qui servait à régler la finesse de la mouture – ce modèle en chêne et hêtre, voire en hêtre seul, a presque toujours une trémie en bois tourné, celle en forme de pyramide inversée, plus rustique, étant le plus souvent rattachée aux moulins à grain, et son arbre

*59.
Moulin à café en chêne et hêtre marqué «J. Christophe à Carrouges. Orne. Moulin à café garanti. Exposition d'Alençon 1873, médaille de bronze.»
Coll. Malongo.*

DOCUMENT 5
Compte-rendu du jury de l'exposition industrielle d'Alençon de 1873 décernant une médaille de bronze à joseph Christophe pour ses «moulins à café et à poivre construits très solidement» (photos 59 et 60). Archives municipales d'Alençon.

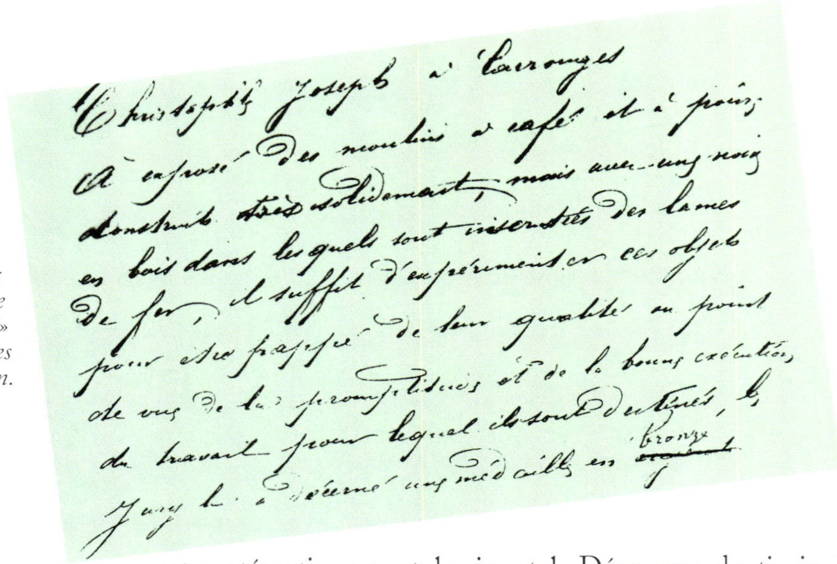
Christophe Joseph à Carrouges
A exposé des moulins à café et à poivre
construits très solidement, mais avec une noix
en bois dans lesquels sont incrustées des lames
de fer, il suffit d'expérimenter ces objets
pour être frappé de leur qualité au point
de vue de leur promptitude et de la bonne exécution
du travail pour lequel ils sont destinés, le
Jury lui a décerné une médaille en bronze

est systématiquement horizontal. Dépourvu de tiroir, la mouture tombe sous le moulin, ce qui ne constitue évidemment pas son principal attrait.

Loin d'être l'apanage d'un seul artisan – on peut mentionner entre autres fabricants « Louis Dieuleveut fils à Potigny » (Normandie), ou encore « Gagnard à Bazouges » (Mayenne) – ce modèle doit néanmoins ses lettres de noblesse à Jean-Joseph Christophe, domicilié à Carrouges dans l'Orne, et qui, par trois fois, en 1858, 1865 et 1873 participa avec suc-

60,61 et 62.
Modèle identique ayant conservé sa monochromie verte d'origine. De part et d'autre du socle est gravé : «J. CHRISTOPHE A CARROUGES. ORNE. M.A.POIVRE GARANTI» et «EXPon D'ALENCON 1873 MÉDAILLÉS». Dimension du socle : 37 cm sur 11,5 cm. H. 23,5 cm, diamètre du bol : 22 cm. Coll. de l'auteur.

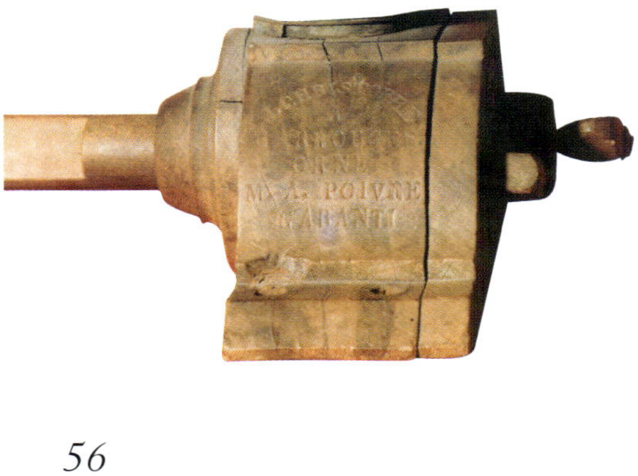

cès à l'Exposition Industrielle d'Alençon avec ses « Moulins à café garantis » sur lesquels il apposait ensuite les trophées recueillis, à savoir une mention honorable puis une médaille de bronze (photo 59 et document 5). Signés du même fabricant, de taille et d'apparence rigoureusement identiques, pareillement primés à l'exposition d'Alençon, certains moulins, en dépit de leur gabarit, indiquent quant à eux « M. A POIVRE GARANTI » (photos 60, 61 et 62).

Placée sous le haut patronage du préfet de l'Orne, et jalousement réservée aux habitants de la région (Calvados, Manche, Orne, Eure, Eure-et-Loir, Sarthe et Seine Inférieure, ainsi, à l'origine, que la Mayenne) ou aux personnes y étant nées, cette manifestation était en revanche beaucoup plus œcuménique par les domaines qu'elle abordait : cela allait des arquebuses aux charrues, des couteaux aux poteries, ou encore des moulins à café à la broderie. Surtout, époque charnière oblige, elle réunissait au sein d'une même compétition, l'artisanat, clairement majoritaire en dépit du nom de la manifestation, et l'industrie, laquelle, à en juger par la présence de Peugeot Frères (domicilié pourtant dans le Doubs) ne dédaignait pas se mesurer à plus petit qu'elle (document 6).

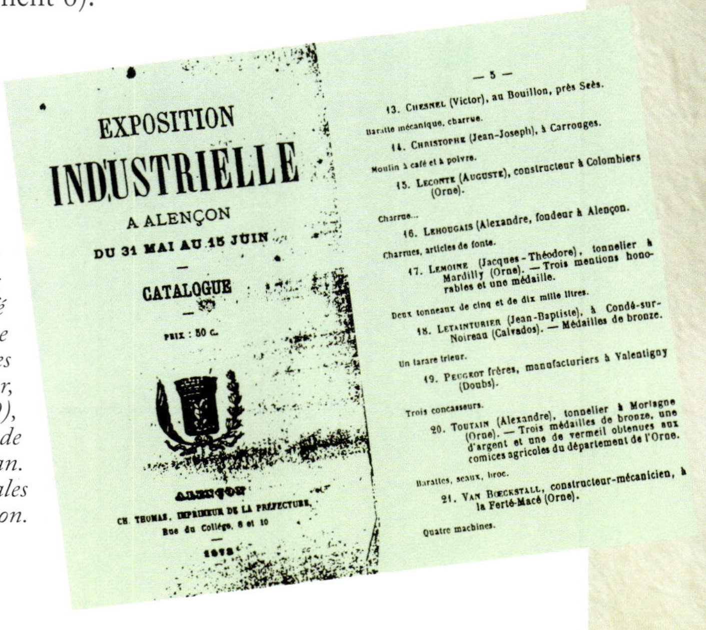

EXPOSITION
INDUSTRIELLE
A ALENÇON
DU 31 MAI AU 15 JUIN
—
CATALOGUE
—
PRIX : 50 c.

CH. THOMAS, IMPRIMEUR DE LA PRÉFECTURE,
Rue du Collège, 8 et 10

— 5 —

13. CHESNEL (Victor), au Bouillon, près Seès.

Baratte mécanique, charrue.

14. CHRISTOPHE (Jean-Joseph), à Carrouges.

Moulin à café et à poivre.

15. LECONTE (AUGUSTE), constructeur à Colombiers (Orne).

Charrue...

16. LEHOUGAIS (Alexandre, fondeur à Alençon.

Charrues, articles de fonte.

17. LEMOINE (Jacques-Théodore), tonnelier à Mardilly (Orne). — Trois mentions honorables et une médaille.

Deux tonneaux de cinq et de dix mille litres.

18. LETAINTURIER (Jean-Baptiste), à Condé-sur-Noireau (Calvados). — Médailles de bronze.

Un tarare trieur.

19. PEUGEOT frères, manufacturiers à Valentigny (Doubs).

Trois concasseurs.

20. TOUTAIN (Alexandre), tonnelier à Mortagne (Orne). — Trois médailles de bronze, une d'argent et une de vermeil obtenues aux comices agricoles du département de l'Orne.

Barattes, seaux, broc.

21. VAN BOECKSTALL, constructeur-mécanicien, à la Ferté-Macé (Orne).

Quatre machines.

DOCUMENT 6
Page de couverture et page 5 du catalogue de l'Exposition d'Alençon de 1873. Aux côtés de modestes fabricants de moulins à café tel Jean-Joseph Christophe (n°14), participent des firmes d'une tout autre ampleur, comme Peugeot Frères (n°19), qui, dés 1858, produit plus de 42000 moulins par an. Archives municipales d'Alençon.

85.
Deux moulins cylindriques en laiton de fabrication industrielle entourent un inhabituel moulin cylindrique en bois décoré de fleurs stylisées. H. 28, 24 et 30 cm, diam. de 5 à 6 cm. Turquie, fin XIXe début XXe siècles.
Sur la droite, deux moulins qui ne sont que d'inspiration turque : chapeau marqué «T.ELLIOTT & C° - ARDWICK-MANCHESTER» pour le premier (H: 19 cm, diam. 3,6 cm.) et moulin marqué «SM» surmonté d'une couronne pour le second. Contrairement au précédent, son couvercle ne se détache pas du corps et son bouton de manivelle est en porcelaine (H.22 cm, diam. 4,5 cm.). Deuxième moitié du XIXe siècle. Coll. de l'auteur.

Chapitre 4

Les principaux modèles en fer

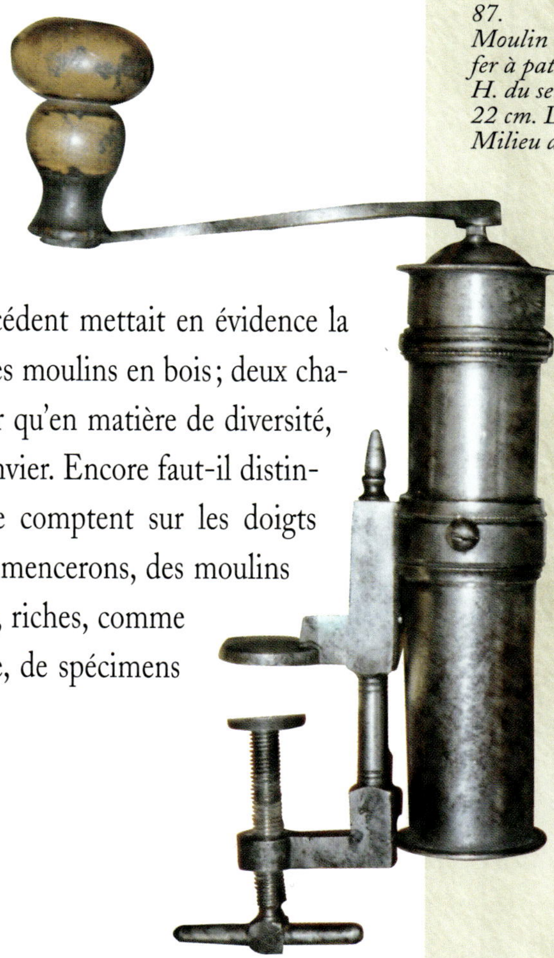

87.
Moulin cylindrique en fer à patte de fixation. H. du seul cylindre : 22 cm. Diam. 5,5 cm. Milieu du XIXe siècle.

Le chapitre précédent mettait en évidence la grande variété des moulins en bois ; deux chapitres seront nécessaires pour vérifier qu'en matière de diversité, les moulins en fer n'ont rien à leur envier. Encore faut-il distinguer les modèles dominants, qui se comptent sur les doigts d'une main et par lesquels nous commencerons, des moulins en marge de toute production suivie, riches, comme nous le verrons au prochain chapitre, de spécimens aux formes multiples.

65.
Rare patte de fixation «en moustache» d'un moulin en entonnoir. À la différence des fleurs de lys et des cœurs que l'on ne transperce pas, l'attache pouvait ici être renforcée par quatre vis. L. 15,5 cm. France. Début XVIIIe siècle. Coll. Malongo.

Les moulins en entonnoir

63.
Moulin à trémie ouverte en tronc de pyramide encore dit «en entonnoir». Noué à l'extrémité du conduit d'évacuation, un gousset en cuir recueillait la mouture. H. 18 cm. L. et larg. de la trémie : 16 et 10 cm. France. Première moitié du XVIIIe siècle. Musée Le Secq des Tournelles.

Déjà évoqué au premier chapitre pour sa ressemblance avec « le moulin mystique » de la basilique de Vézelay, ce modèle, doctement appelé « à trémie en tronc de pyramide », est dépourvu de réceptacle : une bourse en cuir nouée à l'extrémité du goulot d'écoulement servait à recueillir et à transporter la mouture. Mise à part l'attache, sur laquelle nous reviendrons dans un instant, les principales variantes de ce modèle concernent la partie évasée de la trémie : à l'occasion, elle n'est pas carrée mais rectangulaire (photo 63) et, en de rares cas, munie d'un couvercle (photo 64). D'un point de vue technique, l'antériorité de ce modèle, produit pour l'essentiel dans la première moitié du dix-huitième siècle, par rapport au Sablier, s'observe en ce que la formule géométrique permettant de tracer le développement d'un cône est plus complexe et, partant, postérieure, à celle permettant d'obtenir la figure d'une pyramide.

Artisanal, ce modèle varie naturellement par sa taille, qui toutefois n'est presque jamais, hors manivelle, inférieure à dix-huit cm ou supérieure à vingt-sept. Le nom du fabricant, lorsqu'il figure, est généralement gravé sur la griffe de fixation. Outre DIMIN, et à en croire les catalogues de ventes spécialisées (nous verrons au dernier chapitre les réserves qu'il convient d'apporter à ce type de sources), les noms suivants peuvent être cités : DECARMAUX (ou, plus vraisemblablement, DESARMEAUX), I. IMBEZ, M/MIEL (estampillé d'un éperon) avec l'inscription « DIMI » (pour DIMIN ?) sur le même moulin, ou encore E. MOMAY, artisan qui vécut à Saint-Étienne aux alentours de 1700. Enfin, un moulin hybride – au goulot d'écoulement traditionnel du modèle s'adapte en effet une trémie en entonnoir tronconique, annonciatrice des Sabliers – esthétiquement moins abouti et datant non plus de la première moitié du dix-huitième siècle mais de la seconde, porte la signature de l'artisan : I.E. DUMIER. Le poinçon qui accompagne cette signature représente une fleur de lys, alors même que la patte de fixation du moulin n'est justement pas, comme il est fréquent pour ce modèle, l'emblème de la royauté, mais, signe des temps, un cœur.

En dehors de la fleur de lys, largement dominante et qui, outre son symbole, offrait de par ses trois branches un ancrage efficace, la patte de fixation des moulins en entonnoir peut affecter d'autres formes : celle d'un cœur, exceptionnellement celle d'une queue de carpe, d'un chevron ou encore d'une moustache (photo 65), ce qui témoigne d'une diversité supérieure à ce qu'elle sera plus tard sur les griffes des Sabliers figurant presque invariablement un cœur. Dans un article de

64.
Modèle similaire, quoique moins fréquent, à trémie carrée fermée. Patte de fixation en fleur de lys avec vis de serrage. Moulin signé DIMIN estampillé d'un coq avec une étoile. France. Première moitié du XVIIIe siècle. Musée le Secq des Tournelles.

référence - *Moulins à épices, Moulins à café*, paru en décembre 1979 dans L'Estampille –, le collectionneur Jacques-Henri Bloch mentionne à leur sujet qu'« après la Révolution, (...) les fleurs de lys ont été coupées, puis transformées en une sorte de chevron, et, plus tard, en un cœur ». Sans doute vérifiée de-ci de-là, cette pratique ne semble pas avoir été systématique, si bien que la forme de l'attache demeure un indice assez fiable pour estimer l'époque de la fabrication. En forme de fleur de lys dans la première moitié du dix-huitième siècle, en forme de cœur par la suite – figure décorative traditionnelle de l'art populaire que l'on retrouve aussi bien sculptée que forgée -, la stricte obéissance à la tradition a, une fois encore, été de mise. Ce qui est vrai d'un détail – l'étau de fixation –, l'est aussi de l'ensemble, et ce qu'il s'agisse des moulins en tronc de pyramide ou de tout autre modèle majeur de fabrication artisanale : à quelques différences près, comme le bois dont est fait la poignée, ou encore la présence ou non de la tige de serrage, qui éventuellement peut être remplacée par l'attache de la manivelle, il y a bel et bien exploitation simultanée d'un patrimoine commun. L'artisan, sauf exception, se conformait à un modèle connu et éprouvé et ne cherchait guère à innover. Cela n'implique pas une quelconque standardisation, et tous les moulins n'ont pas le même éclat.

68.
La signature en lettres anglaises se distingue nettement à l'intérieur du couvercle, de même que le poinçon, une couronne surmontée d'un coq, de part et d'autre de l'orifice central.

67.
Moulin en fer en forme de sablier avec fixation en fleur de lys et vis de serrage. Rare variante à pans (quinze), caractéristique du travail de Claude Chapelon. Le couvercle, comme pour un «Louis XIV», est muni d'un obturateur, alors que le Sablier type de la fin du XVIIIe siècle en est dépourvu. H. 19,2 cm. Diam. 10,8 cm. Fin XVIIe, début XVIIIe siècle. Musée Le Secq des Tournelles. Cliché B. Rivatton/ Musée du Vieux Saint-Étienne.

Le Sablier

Appelé ainsi en raison de sa forme – deux cônes d'égale grandeur se rejoignant par leur petite extrémité à la hauteur de la noix –, le Sablier s'impose, aux côtés du « Louis XIV », comme l'autre grand modèle du dix-huitième siècle. Comparé aux moulins en tronc de pyramide, deux types de modifications sont apportés. Tout d'abord, de par sa structure même, il est systématiquement pourvu d'un couvercle, et, bien entendu, d'un réceptacle. Ensuite, plus techniquement, tandis que sur les moulins en entonnoir quatre saillies, reliées verticalement deux par deux par une petite barre métallique appelée goujon, sont nécessaires de part et d'autre de la cage au bon fonctionnement du système de fixation, seules demeurent en règle générale sur les Sabliers les deux saillies destinées à fixer le moulin sur une table. Le goujon opposé à la patte de fixation, qui permettait jusqu'alors de consolider l'ensemble en évitant

66.
Modèle Sablier, respectivement 28,23 et 17 cm de H. jusqu'au couvercle. Attaches en forme de cœur permettant de fixer le moulin sur un meuble. Celui du milieu ne comporte pas de tige de serrage : l'extrémité de la manivelle tient ce rôle. Fin XVIIIe siècle. Coll. de l'auteur.

notamment que la cage ne se désolidarise de la trémie sous l'effet de la pression, est quant à lui devenu obsolète (à l'exception des grands modèles qui ont souvent conservé ce dispositif) par l'assemblage des entretoises à l'intérieur même de la cage.

La photo 66 est représentative du Sablier type de la fin du dix-huitième siècle : attache en forme de cœur, côté opposé à la patte de fixa-

DOCUMENT 7. Survivance du Sablier à l'ère industrielle : si le grain de sable mesure le temps qui passe, le grain de café, lui, semble le retenir.

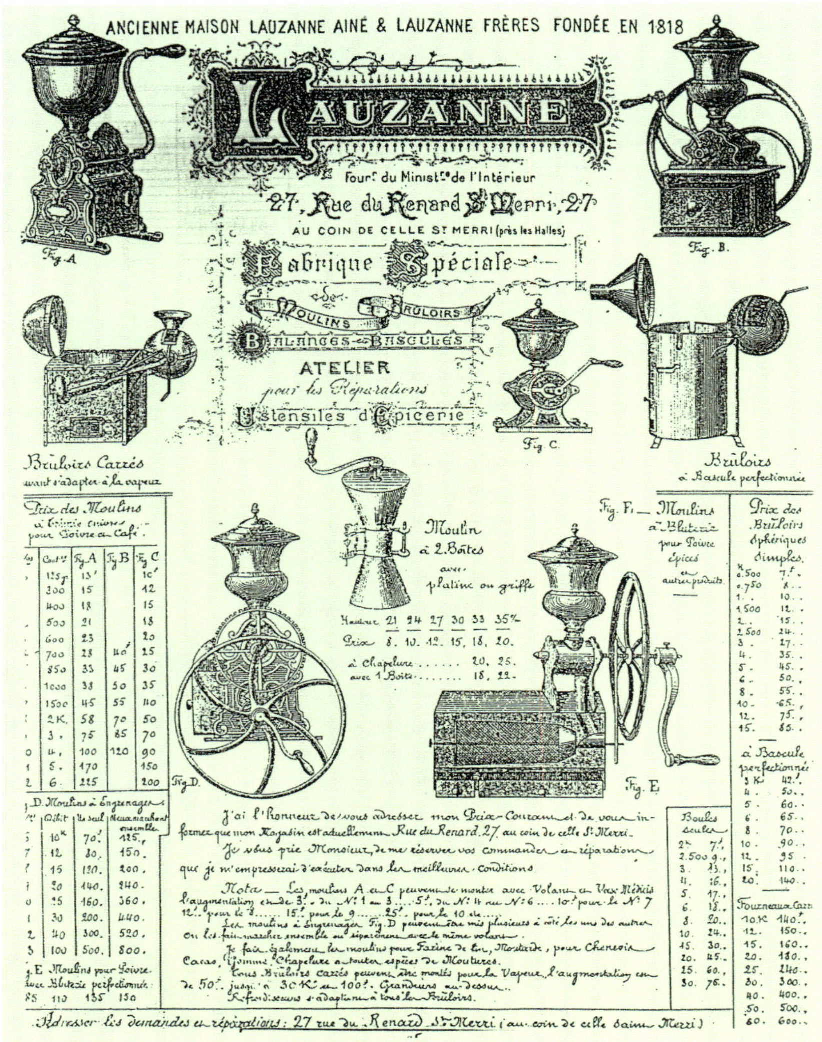

tion privé de goujon et dimensions habituelles des Sabliers (respectivement 17, 23 et 28 cm jusqu'au couvercle). Comparés aux autres modèles pré-industriels, une plus grande disparité de formats existe : de très petits Sabliers, exceptionnels, d'un gabarit comparable aux moulins de voyage, et de très grands – jusqu'à 43 cm, voire davantage, et ayant alors un usage soit collectif soit étranger à la mouture du café – ont été fabriqués au fil du temps.

Ce fil, d'ailleurs, fut beaucoup plus long qu'on pourrait le supposer, mais la production de la quasi-totalité des Sabliers est contemporaine de la Révolution Française, à un quart de siècle près environ. Les premiers Sabliers ont cependant côtoyé les moulins en entonnoir et partagé avec eux aussi bien la fixation en fleur de lys que le goujon de consolidation dont nous venons de parler. Celui des photos 67 et 68 en est un superbe spécimen signé Claude Chapelon, déclaré « faiseur de moulins à café » à son mariage avec Anne Cizeron en 1694 (de même qu'à son décès survenu le 22 avril 1721), artisan admirable non seulement par la qualité de son travail, mais encore par l'extrême variété des pièces qu'il a élaborées, puisqu'on retrouve sa signature aussi bien sur des modèles d'exception (assimilable à celui de la photo 92) que sur de petits moulins cylindriques de voyage (photos 72 et 73), sans oublier bien sûr l'incontournable « Louis XIV » (photos 17 et 18).

Sans qu'il soit possible d'avancer une datation très précise – ils sont tantôt estimés de la seconde moitié du dix-neuvième siècle, tantôt, plus curieusement, de la première –, les derniers Sabliers fabriqués côtoient les débuts de l'industrialisation. Démunis du charme de leurs aînés, ces Sabliers restent néanmoins fidèles à l'allure générale du modèle – jusqu'à l'attache en forme de cœur –, mais un rapide coup d'œil permet de voir que le mode de production a changé : la tôle, légèrement creusée, n'est plus forgée mais coulée dans un moule, comme cela est visible sur la patte de fixation, ou encore sur le couvercle embouti de cercles concentriques qui, à l'instar des couvercles de moulins flamands, ne se soulèvent que partiellement. Ces moulins, produits en petites séries de différentes tailles, ne portent pas d'indication de marque, mais sont dotés de numéros qui vont croissant avec leur hauteur (par exemple 25,5 cm pour le n° 24 et 38 cm pour le n° 36).

Plus étonnant encore, sur un document d'époque de la maison Lauzanne, entouré de brûloirs et surtout de moulins de comptoir datant de la seconde moitié du dix-neuvième siècle qui ont fait la réputation de la marque – flasques décorées, grande et belle trémie de forme parfois Médicis, bref moulins se démarquant des comptoirs classiques repris par tant et tant de firmes – on découvre, sous la curieuse appellation de « Moulin à deux boites », une copie, assez fidèle à en juger par le croquis, et déclinée en six tailles (de 21 à 35 cm), du Sablier de la première heure, à savoir pourvu de deux goujons (document 7).

Caractéristique du moment où l'industrie naissante est proche encore du gros artisanat – on se targue à la fois d'être « Fournisseur du Ministère de l'Intérieur » et, dès la ligne suivante, on renchérit de précisions sur son adresse –, ce prospectus à mi-chemin de l'imprimé et du courrier manuscrit, fournit une des ultimes traces de ce modèle, dont la longévité, si on accepte d'y inclure ces avatars atypiques, fut remarquable.

70 et 71.
Moulin cylindrique de voyage en fer à dix pans signé FRANCOIS CIZERON au revers du couvercle. (la manivelle manque). H.11,6 cm. France. Début XVIIIe siècle. Musée Le Secq des Tournelles. Clichés Rivatton/Musée du Vieux Saint-Étienne.

MOULINS CYLINDRIQUES DE VOYAGE

Beaucoup plus rares que les modèles précédents, les moulins cylindriques de voyage constituent un modèle à part entière et sont d'autant plus recherchés aujourd'hui qu'ils ont disparu des étagères des marchands d'Art populaire aussi bien que de celles des ventes spécialisées de moulins à café. Fabriqués durant un laps de temps assez court – des dernières années du dix-septième siècle au premier quart ou au premier tiers du dix-huitième siècle – leur production s'est raréfiée au fur et à mesure que le prix du café devenait moins prohibitif, et surtout que les cafés prenaient de l'essor : vers 1720, Paris compte 300 cafés, de bonne réputation pour la plupart, phénomène bientôt reproduit, toute proportion gardée, dans des grandes villes de province telles que Lyon, Toulouse

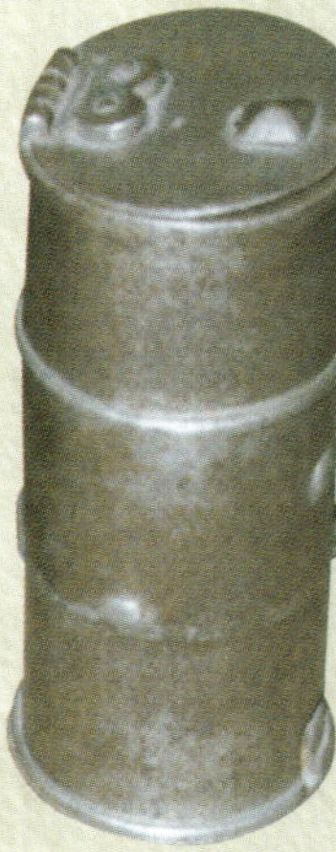

74.
Moulin cylindrique de voyage signé JEAN BLAN dont il faut soulever le couvercle pour enclencher la manivelle.
H.10,4 cm. France. Début XVIIIe siècle. Musée Le Secq des Tournelles.

69.
Nécessaire à café de voyage en laque noire avec des motifs d'inspiration chinoise, comprenant une tasse, une soucoupe, une cuillère et bien entendu un moulin cylindrique – portant les initiales L.N. sur le couvercle – permettant de moudre les grains entreposés dans le pot. France. Début du XVIIIe siècle. Musée Le Secq des Tournelles.

ou Bordeaux, si bien qu'il devenait inutile, lorsqu'on se déplaçait, de s'encombrer de son propre café et avec lui du moulin permettant de le broyer. Plus raffiné encore, c'est parfois un véritable nécessaire à café de voyage que l'on emmenait avec soi, comme l'illustre le coffret de la photo 69, dont malheureusement toutes les pièces ne sont pas d'origine.

Ces moulins de voyage, parfois catalogués, du fait de leur taille ne dépassant pas les douze ou treize cm, moulins à épices, ce qu'ils sont naturellement à même de moudre, sont d'allure et de conception homogènes. En dehors du couvercle, qui, selon la présence ou non d'un orifice central, se soulève ou reste rabattu afin d'enclencher la manivelle, leur principe de montage est ce qui les différencie : on accède en effet à la mouture tantôt par la base du moulin, l'élément formant réceptacle s'emboîtant alors à l'intérieur du fût, (c'est le cas des deux moulins représentés sur les photos 70 à 73) et tantôt à la hauteur de la noix, point de rencontre des deux parties du cylindre (photos 75 et 76).

72 et 73 Moulin cylindrique de voyage à douze pans signé CLAUDE CHAPELON par deux fois estampillé d'une couronne surmonté d'un coq. H 12,2cm Diamètre 4,8cm. Fin du XVIIe ou début du XVIIIe siècle. Musée Le Secq des Tournelles. Clichés B. Rivatton/Musée du Vieux Saint-Étienne.

Il est utile de s'arrêter un instant sur les trois artisans ayant fabriqué les moulins des photos 70 à 74. Tous trois, et ce n'est pas un hasard, sont originaires de Saint-Étienne, si bien que Michel Bourlier a pu retrouver des actes paroissiaux ou notariés les concernant. Nous détenons la preuve que ces moulins datent de la fin du règne de Louis XIV ou de la Régence, ce qui, bien qu'il s'agisse davantage d'une confirmation que d'une remise en cause de l'opinion la plus répandue, est d'autant plus précieux que ce modèle n'a été produit que sur une courte période. François Cizeron tout d'abord, auteur par ailleurs d'un exceptionnel moulin de commande que nous analyserons au chapitre

suivant, est « faiseur de platines à fusils » lorsqu'il s'installe à Saint-Étienne en 1710, ville où il meurt neuf années plus tard. Jean Blanc (qui sur le moulin signe « Jean BLAN », mais nous savons que l'orthographe des noms propres était alors en grande partie tributaire d'une transcription phonétique) est pour sa part déclaré, lors de la naissance de son premier enfant en 1719, « moliniste », terme inventé, semble-t-il, par le membre du clergé préposé au registre.

L'un des actes retrouvés concernant Claude Chapelon est plus intéressant encore : une reconnaissance de dette de 1698 (document 8) où il est stipulé que Claude Chapelon et Anne Cizeron, son épouse, empruntent trente-et-une livres sept sols à Jeanne Carrier (veuve de Jean-Louis Praire, riche négociant stéphanois en quincaillerie et par ailleurs tante du beau-père de Benoist Thivelier), précise en effet que le remboursement se fera au moyen de moulins à café, à raison de deux moulins par semaine pour une valeur de sept livres chacun. Si le type de moulins n'est pas spécifié – tout au plus pouvons-nous penser au « Louis XIV », modèle phare de l'époque, mais sans certitude puisque, nous l'avons vu, Claude Chapelon a fabriqué toutes sortes de moulins –, nous tenons néanmoins là une double indication de prix et de cadence se rapportant aux moulins produits à la toute fin du dix-septième siècle. Précisons qu'il s'agit d'une valeur et d'une cadence de production minimales, puisque ces moulins étaient destinés à des détaillants, et que rien ne nous dit que Claude

75 et 76.
Moulin à café de voyage en fer, présenté avec et sans sa manivelle.
Il se compose de trois parties qui s'emboîtent à la hauteur de la noix. H. 11,6 cm. Diam.5 cm. France. Fin XVII, début XVIIIe siècle.
Coll. de l'auteur.

DOCUMENT 8.
Reconnaissance de dette ou «obligation» en date du 29 janvier 1698 par laquelle «l'armurier» Claude Chapelon et sa femme Anne Cizeron s'engagent à rembourser à Jeanne Carrier, veuve Praire, la somme de 31 livres 7 sols, au moyen de moulins à café «au prix de 7 livres le moulin et (à) en délivrer deux par semaine à commencer samedy premier février prochain...»
Marque du milieu extrêmement clos dans lequel vivaient ces artisans, le faiseur de moulins (notamment de beaux «Louis XIV») André Royon a signé ce document. P. Dignaron, notaire à Saint-Étienne. Archives notariales de la DIANA. Michel Bourlier.

77.
Moulin cylindrique en fer, laiton et cuir. Beau mécanisme de broyage, poinçonné des lettres «VB» maintenu par deux vis. Le réceptacle et le couvercle en laiton s'emboîtent à l'intérieur du fût. H. 11,7 cm. Diam. 5 cm. France. Dernier quart du XVIIIe siècle. Coll. de l'auteur.

Chapelon consacrait l'intégralité de son temps de travail au remboursement de sa dette.
À titre de comparaison, à Beauvais, un ouvrier du textile gagnait en 1693 dix sols (soit une demi-livre) par journée de travail et un procès-verbal d'assemblée du commerce de janvier 1695 fixait à huit livres le prix que les drapiers devaient payer aux tisserands la pièce de drap, lesquels n'en tissaient guère que deux par mois. Derniers exemples, toujours issus de *Cent mille provinciaux au dix-septième siècle* (pp. 163/164 et 335/339 notamment) de l'historien Pierre Goubert (Flammarion, 1968) : à la même époque, sept livres représentaient la valeur de deux brebis ou de deux jeunes truies, un compagnon maçon ou charpentier gagnait près d'une livre par jour et enfin, hors très grave crise, telle la famine de 1693-1694, qui en quelques mois décima le Royaume de France, une livre de pain bis coûtait un demi-sol.

De taille et de forme équivalentes, également en métal, à l'exception de sa couverture de cuir, mais apparu bien plus tard dans le siècle, le moulin représenté sur la photo 77 ne peut être assimilé au modèle précédent. Il s'agit de l'autre « modèle » – au sens de moulins suffisamment connus et propagés pour faire référence, même si, dans ces deux cas, leur diffusion a été restreinte – de moulins à café cylindriques de voyage, dont se seraient servi, entre autres, les soldats de la Révolution et de l'Empire.

78.
Très beau moulin en laiton finement ciselé. H. 21,5 cm. Turquie. Fin du XVIIIe siècle. Musée le Secq des Tournelles.

79.
Moulin en laiton ciselé à manivelle pliante et démontable (ici manquante). Rare décor de scène de chasse. H.13,7 cm. Turquie. Fin du XVIIIe siècle. Musée Le Secq des Tournelles.

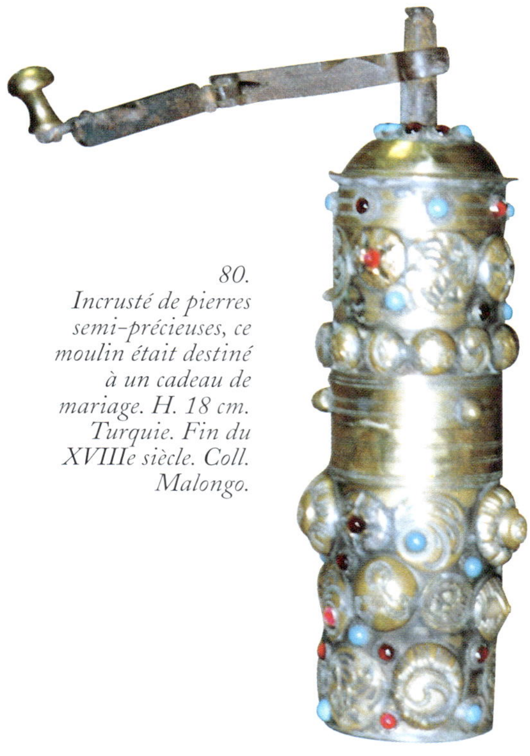

80.
Incrusté de pierres semi-précieuses, ce moulin était destiné à un cadeau de mariage. H. 18 cm. Turquie. Fin du XVIIIe siècle. Coll. Malongo.

LE MODÈLE TURC

Contrairement à l'Occident où le moulin domine, la Turquie a surtout recours au mortier, du moins quand il s'agit de broyer une grande quantité de café : dès la fin du dix-septième siècle, les pileurs de café, munis exclusivement de mortiers à l'intérieur desquels ils écrasent le grain à l'aide d'un pilon, forment une corporation défavorisée qui doit notamment suivre l'armée en campagne. Auparavant, comme on devait le vérifier souvent par la suite dans d'autres contrées, le café avait vu son sort intimement lié aux cafés. Après qu'en 1555, deux Syriens eurent ouvert le premier établissement à Istanbul, les cafés furent, au gré du pouvoir et de l'influence des imams, d'accords pour préférer un peuple dévot dans les mosquées que débattant des affaires de l'État dans des cafés, tour à tour interdits, tolérés, rasés – leur tenancier, dit-on, parfois enfermé dans un sac de cuir et jeté dans le Bosphore –, avant, toujours, de réapparaître de plus belle.

Au dix-huitième siècle toutefois, le café a définitivement eu gain de cause et n'est en rien réservé aux soldats ou aux collectivi-

81.
Moulin en laiton et fer dont il manque la partie basse. H. 13 cm. (21 cm depuis la pointe), diam. 5,5 cm. Turquie. Début du XVIIIe siècle. Coll. Malongo.

tés. Pour un usage domestique, c'est le moulin que l'on utilise de préférence. D'assez petite taille et, à cette époque toujours cylindrique, puisque le moulin en bois à planche de stabilisation n'apparaîtra qu'au siècle suivant, muni d'une manivelle pliante et démontable qui peut se ranger à l'intérieur du fût, il est dans la très grande majorité des cas en laiton ciselé. Son décor, composé de rinceaux, d'arabesques, de figures géométriques (photo 78), ou, plus rarement, d'une scène de chasse (photo 79), est parfois d'une finesse et d'une richesse prodigieuses. Hors du commun, mais dans un style néanmoins oriental, certains moulins sont incrustés de pierres semi-précieuses (photo 80), obéissant en cela davantage à une volonté d'exposer sa richesse qu'à une recherche esthétique aboutie.

Beaucoup plus épurés, plus anciens également, et surtout d'une beauté incomparable, les moulins figurant sur les clichés 81 et 82 allient au traditionnel laiton des bandes horizontales ou verticales de fer. Le bois, ici incrusté de pointes d'os, peut lui

83.
Moulin cylindrique, rare de par sa matière, le bois. La trémie est rattachée au réceptacle par deux crochets. Fleurs et points incrustés en os. Dessus en fer et laiton. La manivelle n'est pas d'origine. H. 20 cm. Turquie. XVIIIe siècle. Coll. Malongo.

84.
Autre moulin cylindrique en laiton ciselé au décor de losanges et de fleurs. Couvercle en forme de dôme oriental que prolonge l'emblème de l'Empire turc. Turquie. Fin XVIIe, début XVIIIe siècle. Coll. Malongo.

aussi être présent, dans des proportions plus ou moins grandes (photos 82 et 83). Contemporain, sinon légèrement antérieur à ces derniers, le moulin de la photo 84 se termine par un chapeau en forme de dôme, semblable aux coupoles des édifices religieux du pays, surplombé du symbole de l'Empire turc, le croissant de lune.

Au dix-neuvième et vingtième siècles encore, en marge des moulins cylindriques en laiton produits industriellement à très grande échelle dans tout le Moyen-Orient, des moulins au fût creusé dans le bois se rencontrent de temps à autre (photo 85, page 58).

82.
Exceptionnels moulins cylindriques en laiton ciselé, agrémentés parfois de fer et de bois. Manivelles pliantes. H.22 et 18 cm. Turquie. Début du XVIIIe siècle. Coll. Malongo.

Autres moulins à patte de fixation

Après le modèle turc, figure incontournable du genre, un dernier modèle doit être abordé pour avoir une vision d'ensemble des moulins cylindriques pré-industriels en fer. Apparu au milieu du dix-neuvième siècle, et originaire de l'Italie du nord, il est le seul moulin cylindrique qui soit muni d'une patte de fixation. Celle-ci, contrairement aux autres modèles à attaches, est très souvent ronde ou ovale, d'un seul tenant, sans marquer de préférence pour une forme symbolique spécifique. Fréquemment en fer, mais aussi parfois en laiton, voire en fer et laiton, ce modèle – autant d'herboristerie d'ailleurs qu'à épices ou à café – a donné des moulins au charme variable bien qu'ils soient très proches, pour ne pas dire identiques, dans leur conception (photos 86 et, page 59, photo 87).

*86.
Moulin cylindrique en fer à patte de fixation, en vogue chez les herboristes et les apothicaires.H. 22 cm. Milieu du XIXe siècle. Coll. Malongo.*

Plus au nord, en Bavière surtout mais également en Autriche, un modèle à fixation particulier – plus proche déjà des moulins traditionnels, en ce qu'il est pourvu d'une trémie à bol et d'un tiroir – a vu le jour à la charnière du dix-huitième et du dix-neuvième siècles. Aux accessoires prés, tels les boutons du tiroir ou de la manivelle, qui à l'occasion sont en laiton, comme du reste peut l'être la trémie de manière tout à fait exceptionnelle, ce modèle est entièrement en fer. La trémie en demi-sphère, fréquemment dentelée, est reliée à la boite cubique formant réceptacle par un goulot enserrant la noix (photos 88 et 89). Plus petits et surtout moins lourds que les modèles à fixation précédents, ces moulins sont la plupart du temps pourvus d'une

88 et 89. Moulins en fer germaniques à étau de fixation. Leur trémie en demi-sphère est soit lisse, soit festonnée. H. 15 et 16 cm. Diam. de la trémie 13,5 et 14 cm. Bavière, mais certains modèles proviennent d'Autriche. Vers 1800. Coll. de l'auteur et coll. Malongo.

attache moins robuste, à une seule branche, en as de pique ou en fer de lance par exemple.

Trop différent pour être assimilé à ce modèle – sa trémie n'est pas hémisphérique mais tronconique, et surtout, le mécanisme de broyage n'est pas isolé dans un collet –, le moulin plus rustique représenté sur la photo 90 appartient néanmoins à la même famille et à la même aire géographique.

90. Moulin en fer de base cubique surmontée d'une trémie ouverte en entonnoir. H. 19 cm. Côtés : 8,5 et 7,5 cm. Diam. de la trémie : 14 cm. Allemagne. Première moitié du XIXe siècle. Coll. Malongo.

96.
Rare moulin à café de salon en fer en forme de brûle-parfum. Quatre petites colonnes torsadées prolongent les pieds, qui cohabitent, à l'instar de certains Louis XIV, avec l'ouverture carrée permettant de fixer le moulin sur une table. D'inspiration orientale, ce moulin est néanmoins français, comme en témoigne l'inscription
FRANCOIS
CIZERON
A ST ESTIENNE
sur un côté du tiroir. H. 27,5 cm. Côté 10 cm. Début XVIIIe siècle. Musée Le Secq des Tournelles. Cliché B. Rivatton / Musée du Vieux Saint-Étienne.

Des modèles d'exception à la pièce unique

L'iconographie et la « matière » de ce cinquième chapitre sont issues du musée Le Secq des Tournelles, du nom de son créateur. Celui-ci légua sa fabuleuse collection à la ville de Rouen en 1917, à charge pour elle de fournir un cadre adéquat où accueillir ses quinze mille pièces de ferronnerie dont quelques-unes, à l'instar de rampes d'escalier, sont d'un format plus imposant que la vitrine toute entière consacrée aux moulins (photo 91). Ce lieu fut trouvé avec bonheur en l'église Saint-Laurent, où le musée fut inauguré en 1921. Henri Le Secq des Tournelles y officia jusqu'à sa mort, quatre années plus tard, et aujourd'hui encore l'église abrite sa collection.

Les moulins regroupés ici sont d'une extrême rareté. Qu'ils soient totalement inclassables et sans équivalent ou, en dépit de leur carac-

91.
Vue d'ensemble de la vitrine réservée à la collection des moulins à épices et à café du Musée Le Secq des Tournelles. Quelques uns des plus beaux et des plus rares moulins de fabrication artisanale y sont exposés.

tère insolite, qu'ils appartiennent néanmoins à un modèle, la plupart d'entre eux nous rappellent que notre connaissance des moulins à café pré-industriels reste tributaire, pour les pièces atypiques tout du moins, non seulement de leur survie, mais encore d'une survie qui ne les confine pas dans l'anonymat d'une collection privée. Pour tous, modèles d'exception ou moulins uniques, nous essaierons de comprendre ce qui a nuit à leur propagation, que la cause soit en amont, du fait d'une fabrication trop compliquée ou coûteuse, ou en aval, l'originalité n'étant pas toujours gage de commodité.

92.

Le modèle représenté sur les photos 92, 93 et 94 est à cet égard intéressant. En dépit du travail d'orfèvre réalisé pour cette pièce exceptionnelle (mais non unique : le musée Le Secq des

Tournelles détient deux exemplaires de ce même modèle, de taille très proche et signés du même artisan) et de la volonté patente de l'artisan de fabriquer un moulin irréprochable tant par sa beauté que par sa solidité, ce moulin pèche par ses excès. Cette impression, sans doute, est due à sa composition hybride : l'allure générale, et plus particulièrement les pieds, le réceptacle carré à tiroir et l'obturateur sont proches du « Louis XIV », mais la matière, la fixation, et la forme de la trémie rappellent quant à elles le Sablier. Conçu dans les toutes premières années du dix-huitième siècle, alors que le Louis XIV commençait son implantation, mais avant que n'apparaisse véritablement le Sablier, ce modèle avait-il la moindre chance de supplanter ce dernier, ou du moins, de connaître un succès équivalent ? À en juger par ce moulin, et plus encore par un autre, fabriqué un demi siècle plus tard par « Benoist Tivellier le Père » (chapitre suivant, photos 105 à 107), identique dans sa conception mais plus travaillé encore – colonnes torsadées, tiroir décoré, présence de laiton – et qui visiblement répond à la nécessité d'être un objet prestigieux, il semble facile d'affirmer que non : sa fabrication est beaucoup trop élaborée, trop compliquée et trop coûteuse pour ne pas en faire un modèle d'exception. De même, ce modèle rassemble les différents éléments qu'un moulin peut avoir (ainsi la fonction redondante des pieds et de la fixation ou encore le choix d'un obturateur là où les Sabliers en font l'économie), ce qui va à l'encontre du processus inéluctable voulant que tout ce

92, 93 et 94.
Moulin de salon en fer de base carrée avec fixation en fleur de lys munie d'une barre de serrage. Trémie à seize pans, couvercle à obturateur, bouton poussoir figurant une tête grotesque et poignée en buis. L'intérieur du couvercle porte la signature de R. MARTIN LAYNEZ accompagnée de son poinçon, un dauphin couronné, et d'un cœur, de la taille d'une lettre.
H. 17,6 cm.
Côté 8,2 cm.
Début XVIIIe siècle.
Musée Le Secq des Tournelles.
Clichés B. Rivatton / Musée du Vieux Saint-Étienne.

93.

94.

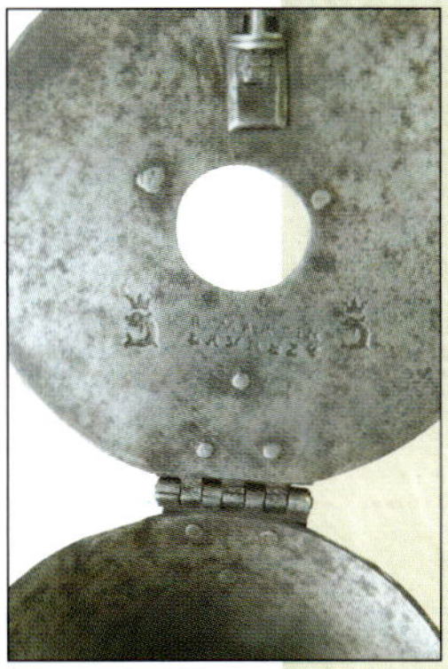

qui n'est pas indispensable disparaisse des moulins appelés à se propager auprès d'un public sans cesse grandissant. Pourtant, épuré, privé des raffinements caractéristiques du genre, comme le bouton poussoir figurant une tête grotesque, démuni au besoin de sa patte de fixation, ce modèle aurait pu devenir commun, puisqu'il répond à la fois aux exigences de solidité et de commodité. De tels moulins existent certes, comme en témoigne celui représenté sur la photo 95 : malgré quelques ornements non fonctionnels, c'est une variante plus sobre du modèle précédent, quoique, dans le cas présent, assez éloignée et sur laquelle des réserves doivent être émises quant à l'authenticité de sa partie basse. La réalité, toutefois, en a décidé autrement : en ce qui conceerne la rareté, la version simplifiée de ce moulin n'a rien à envier à celle qui est plus sophistiquée.

Un autre modèle en fer du dix-huitième siècle, extrêmement peu répandu, en forme de brûle-parfum, appelle les mêmes remarques (*photo 96*) : un objet certes utile, mais avant tout minutieusement travaillé, répondant à un souci décoratif évident et davantage encore à un impératif de rareté, comme s'il y avait volonté d'en faire un objet d'ex-

*95.
Moulin en fer de base carrée composé de deux plaques parallèles reliées entre elles par quatre colonnes et d'une trémie en tronc de cône qui évoque celle des Sabliers. Ornements latéraux en «S», poignée de manivelle en laiton. H. 21,5 cm. Côté 12,5 cm. Première moitié du XVIIIe siècle. Musée Le Secq des Tournelles.*

*96.
Même modèle que page 78, présenté ici en position fermée.*

ception. D'inspiration orientale, hommage possible à la patrie d'origine du café, on aurait pu croire ce moulin unique, ou du moins, œuvre d'un seul et même artisan. Il n'en est rien, comme le prouve cet autre moulin (*photo 97*) signé lui, non pas « François Cizeron », mais « Dusauze », du nom d'un autre artisan de Saint-Étienne. Si cela suffit à ranger ces moulins parmi les « modèles », leur caractère rarissime ne s'en trouve bien sûr en rien atténué : de par leur singularité et leur spécificité – une trémie davantage en forme de bulbe et un tiroir ciselé pour l'un, un couvercle ajouré afin d'accentuer la ressemblance avec les brûle-parfum pour l'autre –, chacun d'eux mérite sans conteste le terme de « pièce unique ». Caractéristique du modèle enfin, leur manivelle démontable les rapproche des moulins occultant leur fonction, sans toutefois les y assimiler : même fermés, et quelque atypiques qu'ils soient, on devine qu'il s'agit de moulins.

Modèle encore, et tout aussi hors du commun, le moulin de la photo 98 diffère pourtant des pré-

98.
Moulin en fer rectangulaire à pieds, aux quatre faces gravées de fins décors religieux. H. 16 cm. Côté 9 cm. Première moitié du XVIIIe siècle. Musée Le Secq des Tournelles.

97.
Autre moulin en fer évoquant l'Orient, composé d'une base de section carrée et d'une trémie en forme de bulbe. Une plaque ajourée sur un fond doré décore le tiroir. Manivelle signée DUSAUZE (absente du cliché). H. 23 cm. Début XVIIIe siècle. Musée Le Secq des Tournelles.

cédents par l'austérité de sa forme : un simple rectangle qui, après tout, aurait très bien pu devenir, en dépit d'une prise en main peu pratique (mais ni plus ni moins incommode que celle des innombrables moulins carrés qui prospéreront à l'ère industrielle), l'une des formes types du moulin à café. Nous savons aujourd'hui qu'il n'en a rien été (même s'il existe certains moulins du vingtième siècle pareillement rectangulaires), sans pour autant pouvoir étayer ce constat de solides arguments. À ceci près toutefois : si une forme trop compliquée compromet le développement d'un modèle, une forme trop simple n'est pas davantage un atout, tant il est vrai que le souci esthétique est constant chez les artisans du dix-huitième siècle. De plus, simplicité des figures géométriques et facilité de fabrication sont deux choses différentes : le mécanisme de broyage, dissimulé à l'intérieur de la boite, rendait ici la tâche du fabricant plus ardue qu'il n'y paraît. Le décor, dès lors, devait nécessairement venir d'ailleurs. Sur le moulin photographié, le handicap architectural a été transformé par l'uti-

99.
Version plus sobre du même modèle présenté avec sa manivelle. Poussoir en forme de tête grotesque. L'obturateur, ici présent, indique que l'arbre vertical demeure sous le couvercle, contrairement au moulin précédent, dont il partage en revanche l'époque et les dimensions. Musée Le Secq des Tournelles.

100.
Moulin en forme de pot entièrement en fer, exception faite d'un chapeau «boule» en laiton. Comme pour tout moulin dissimulant sa fonction, la manivelle se range à l'intérieur. H. totale 19 cm. H. du corps 12 cm. Diam. 6,7 cm. XVIIIe siècle. Musée le Secq des Tournelles.

lisation des quatre pans en véritables stèles accueillant des motifs chrétiens. Une note manuscrite d'Henri Le Secq des Tournelles nous précise à son sujet que « le pareil existe au Musée de Cluny sous le numéro 8847 ».

D'autres moulins identiques à quelques détails près, offrent une allure générale plus sobre qui n'exclut cependant pas, à l'occasion, quelques coquetteries décoratives, comme un poussoir figurant une tête grotesque *(photo 99)*.

Une place à part dans la classification « modèles d'exception/moulins uniques » doit être réservée aux deux moulins suivants. S'ils ne sont pas sans rappeler une famille, celle-ci est, pour chacun d'eux, composée de moulins en bois : moulins occultant leur fonction sous l'apparence d'un pot à tabac pour le premier (photo 100 à rapprocher des photos 33 et plus encore 34 du chapitre 3), et « Louis XIV » pour le second (photo 101), bien qu'à la matière il faille ici ajouter la taille (sans parler du corps à douze et non à huit pans) comme élément distinctif majeur.

La photo 102 présente un cas différent puisque le pastiche est une hypothèse sérieuse. Sans aller jusqu'à évoquer une connotation parodique, on peut raisonnablement parler d'une imitation appuyée ou encore de caractéristiques d'un style marquées à outrance. D'un style ou plutôt de deux : il y a en effet superposition de deux genres distincts, à savoir une partie supérieure faisant référence, avec ses arabesques, ses ciselures ou sa forme cylindrique turque, au Moyen-Orient, et

101.
Moulin en fer de section carrée surmontée d'un corps cylindrique à douze pans combinant la silhouette d'un Louis XIV et la matière et le format d'un moulin à épices. Sa grande poignée en buis l'écarte pourtant des modèles de voyage pour en faire un moulin définitivement hybride. H. 12,3 cm. Côté 5,7 x 5,3 cm. Première moitié du XVIIIe siècle. Musée Le Secq des Tournelles.

une partie basse formant socle, sur laquelle repose l'allure générale d'édifice du moulin et partant son style académique pour ne pas dire franchement pompier. On aboutit au résultat surprenant d'un moulin deux fois pastiché, mais dont la forme est néanmoins inédite.

Les deux moulins suivants, qui seront aussi les deux derniers de ce chapitre, appartiennent eux, sans réserve possible, à la rubrique des moulins de conception unique. La raison, toutefois, est loin d'être la même. Un simple coup d'œil sur la silhouette élancée du premier (photo 103) permet de s'apercevoir que les considérations d'ordre pratique ont cédé le pas à l'élégance : non seulement il n'y a pas de tiroir, à l'image des modèles en entonnoir dont il est vraisemblablement contemporain, mais encore, en l'absence de tout

102.
Moulin en fer en forme d'édifice composé d'un socle sur lequel se dresse une colonne munie d'anneaux. L'ensemble est entièrement ciselé (têtes de guerriers et arabesques) et pourrait bien n'être qu'un pastiche datant de la seconde moitié du XIXe siècle. H. 22 cm. Côté 14,2 cm. Musée Le Secq des Tournelles.

système de fixation, il est nécessaire de placer le moulin à l'extrémité d'une table pour pouvoir actionner la manivelle. Celle-ci est située très bas puisque la noix obéit à un arbre horizontal. Peu fonctionnel, difficile à fabriquer – sa forme est d'autant plus ardue à réaliser que le corps est d'un seul tenant -, la surprise eût été que ce moulin fasse école.

Aucune considération de la sorte ne vaut pour le second, le combien fameux moulin en forme de tonneau surmonté d'une corne d'abondance (photo 104) : celui-ci ne s'est pas mué en modèle car, à l'évidence, il n'était pas destiné à se propager, la valeur d'une pièce de commande et le prestige du commanditaire allant de pair avec son unicité. Plus étonnante est l'utilisation conjointe d'éléments appartenant au registre d'une autre boisson – tonneau, grappes de raisin – et de symboles plus attendus de richesse et de puissance – corne d'abondance, lion –, si bien que, tout anachronisme mis à part, on imaginerait volontiers ce moulin dans les mains d'un vénérable tribun, dont le courage et la force de sa jeunesse disparue seraient ici glorifiés.

103.
Moulin d'une seule pièce en fer à arbre horizontal de forme tout à fait inhabituelle (la manivelle manque). Corps galbé et trémie quadrangulaire munie d'un crochet de fermeture interne. H. tot. 21 cm. Hors couvercle 16 cm. Base 10 x 4,5 cm. Probablement première moitié du XVIIIe siècle. Musée Le Secq des Tournelles.

104.
Célèbre moulin à café en fer et bronze de conception tout à fait originale, constitué d'un tonnelet et d'une corne d'abondance. Décor en bronze fait de têtes laurées, d'écusson à l'effigie du lion, de grappes de raisin et d'entrelacs. Tiroir en demi-cercle avec une ouverture à ressorts sur le côté opposé à la manivelle et fente de fixation sur le dessous du moulin. H. 21 cm. L. et diam. du tonneau 15 et 10 cm. Très certainement d'époque Charles X. Musée Le Secq des Tournelles.

105 et 106.
Rare moulin de commande en fer et laiton probablement exécuté pour un haut dignitaire de l'Ancien régime, comme le laisse supposer le trophée d'armes et de drapeaux gravé sur le devant du tiroir. Poussoir et anneau du tiroir en forme de tête grotesque. En dépit des quatre pieds et de la bonne assise du moulin, une fixation en fleur de lys occupe l'arrière de la trémie à la hauteur de la noix. Inscription en rond à l'intérieur du couvercle : BENOIST TIVELLIER LE PERE A ST ESTIENNE - 1749. H. 28,7 cm. Côté 13 cm. Musée Le Secq des Tournelles.

Chapitre 6

« Benoist Tivellier le père à St-Estienne-1749 »

106

L'inscription « BENOIST TIVELLIER LE PERE A ST ESTIENNE – 1749 », gravée concentriquement sur le revers du couvercle d'une pièce majestueuse appartenant à la collection du Musée Le Secq des Tournelles est à l'origine de ce chapitre (*photos 105 à 107*). Précieuse entre toutes, puisque fournissant l'intégralité de l'état civil du moulin (nom et prénom de l'artisan, mais aussi lieu et date de fabrication), cette inscription devait finalement nous mener bien au-delà de cette seule famille de « faiseurs de moulin » du dix-huitième siècle. Bien que rarissime, ce type de renseignements n'est pas sans précédent : pour mémoire, se reporter au bandeau métallique gravé « COLLIOTA SOMMEVOIRE – 1702 » du peu commun et superbe « Louis XIV » de la photo 13. Mais ici, avec les Tivellier – ou Thivillier, Tivillier ou encore Thivelier, comme nous avons choisi de l'orthographier par la suite, l'orthographe des noms propres étant alors à ce point approximative qu'il n'est pas rare qu'un acte paroissial long d'une dizaine de lignes compte deux transcriptions différentes – l'inscription revêtait un attrait particulier : qui s'intéresse de près aux moulins a tôt fait de repérer cette signature. Avec les Thivelier, surtout, on a pour une fois la trace d'une famille d'artisans spécialisés dans la fabrication de moulins et dont quelques-uns au moins de ses membres signaient de manière à être personnellement reconnus : Benoist Tivellier, Antoine Tivelier Lebon ou encore des mentions telles que « Tivelier Jeune »ou «B. Tivellier le Père» (photo 108) qui n'est autre que Benoist à l'âge où plusieurs de ses fils exerçaient la même profession que lui. Pour autant, notre connaissance à leur sujet ne parvenait pas à s'échapper du domaine des supputations. Le nombre de moulins laissés par cette famille nous faisait pressentir une production s'étalant dans le temps, impression que corroborait encore la présence de « Louis XIV » de base aux cotés de pièces exceptionnelles, pourvues à l'occasion d'un habillage en bois sculpté ou d'une ferronnerie à ce point soucieuse du détail qu'un simple poussoir peut figurer une tête grotesque. Devions-nous alors attribuer les moulins les plus richement décorés aux Thivelier pionniers de l'activité, fort du postulat qu'à mesure que le café se répand, le moulin, lui, se banalise, ou bien, ce qui n'est d'ailleurs pas antinomique, fallait-il pressentir la présence d'un atelier hiérarchisé, où les artisans les moins chevronnés produisaient de petites séries de moulins ordinaires, tandis que les maîtres-ouvriers réservaient leur savoir-faire aux pièces d'exception ?

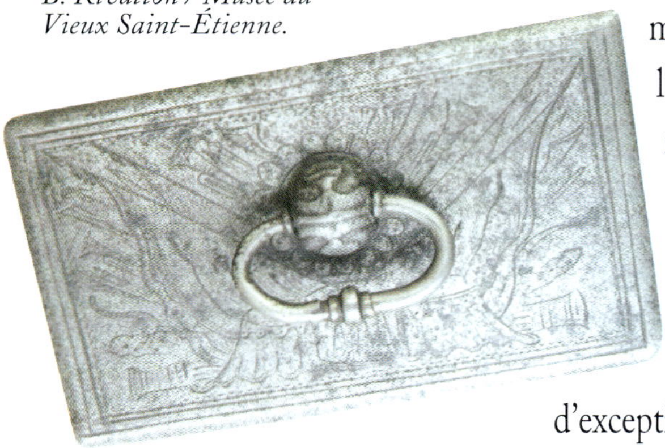

107.
Détail du tiroir. Selon l'auteur du cliché, ce décor «à la fanfare» ou «aux drapeaux» garderait la mémoire de la bataille de Fontenoy (1745). Cliché B. Rivatton / Musée du Vieux Saint-Étienne.

L'incertitude dans laquelle nous étions au sujet des Thivelier était à l'image de notre méconnaissance générale des fabricants de moulins du dix-huitième siècle. Dans *Les objets de la vie quotidienne du seizième au vingtième siècle*, déjà cité, Roger Verdier ne peut faire autrement que souligner nos lacunes. Au sujet du « Louis XIV », « que l'on attribue à l'Auvergne sans certitude formelle » écrit-il p.130, la rubrique « Fabrication » tient en sept mots et en un gros point d'interrogation : « de menuiserie, de serrurerie ou de taillanderie (?) ». Le débat, auquel le deuxième chapitre de ce livre n'a pas échappé, qui tente de déterminer dans quelle proportion les moulins de fabrication artisanale proviennent d'ateliers spécialisés ou d'artisans généralistes restait ouvert. C'est à ces questions que ces pages sont consacrées, notre attention se détournant des moulins au profit des artisans qui les ont pour partie inventés et pour partie reproduits.

108.
«Louis XIV» à pieds en noyer et en fer signé «B. TIVILIER LE PERE» sur le revers du couvercle (pour la signature, voir la photographie en 4e de couverture). H.18 cm. Côté 7,5 et 8 cm. Milieu du XVIIIe siècle.
Coll. de l'auteur.
Cliché Jean-Charles Pillant.

De fil en aiguille...

Si Benoist Thivelier suscita ce chapitre, sa réalisation, elle, n'aurait jamais été possible sans les recherches qu'a bien voulu effectuer à ma demande Michel Bourlier : il n'est aucun acte paroissial ou notarié reproduit ici qui n'émane de lui. Mes recherches allaient progresser quand je consultai, après tant d'autres organismes et institutions, l'Association des Amis du Vieux Saint-Étienne. Non seulement Bernard Rivatton, directeur du Musée du Vieux Saint-Étienne, communiqua mon courrier à Michel Bourlier, lequel – la coïncidence était inespérée – était lui-même apparenté aux Thivelier du milieu du dix-huitième siècle et possédait une longue pratique des actes paroissiaux, mais encore il m'envoya, parmi quelques documents, un *Bulletin du Vieux Saint-Étienne* contenant un article que Michel Bourlier avait consacré aux faiseurs de fiches, domaine à l'évidence proche de celui qui m'intéressait (même période, et activité appartenant l'une comme l'autre à la « clincaillerie stéphanoise »). En annexe, au milieu d'une soixantaine de noms de « forgeurs, faiseurs ou limeurs de fiches » des dix-sept et dix-huitième siècles (mais dont les fiches n'ont été retrouvées que pour une moitié d'entre eux, phénomène que nous observerons pour les moulins), j'en repérai tout de suite un qui m'était familier, Cizeron. Je connaissais l'origine stéphanoise de cette famille puisque l'inscription « François Cizeron à Saint-Étienne » était gravée sur le tiroir d'un moulin en forme de brûle-parfum (photo 96), le patronyme « Cizeron » (sans indication de prénom ni de lieu) se retrouvant par ailleurs sur le revers d'un couvercle de « Louis XIV » (photos 19 et 20). C'était, avec les Thivelier, le seul artisan que je savais originaire de Saint-Étienne, si bien que je n'y voyais alors rien d'autre qu'une coïncidence. Le hasard et la chance ne sont encore une fois pas étrangers à ce qui m'a véritablement mis sur la voie. Le même bulletin contenait également un long article sur *Le réseau des artisans de l'armurerie*, milieu qui partageait avec les fabricants de moulins outils et compétences. Au détour d'une phrase à la précision anecdotique, il y était question d'un café à l'angle de la rue Chapelon (rebaptisée aujourd'hui Pierre Termier) où les armuriers avaient coutume de tenir table ouverte. Se pouvait-il que...? L'idée à peine suggérée, Michel Bourlier fit plus que retrouver des actes faisant état de Chapelon (Claude bien sûr, ainsi qu'Antoine, le frère, pour ce qui est des artisans dont les moulins sont ici reproduits, mais encore quatre autres, ignorés jusqu'alors) dûment qualifiés « faiseurs de moulins à café » : il dénicha moult autres artisans qu'un long échange épistolaire permit de lister chaque mois avec plus de précisions.

109.
«Louis XIV» en noyer et laiton (la manivelle manque). Poussoir figurant une tête grotesque. H. 20 cm. Côté 10 cm. Première moitié du XVIIIe siècle. Musée Le Secq des Tournelles.

Benoist Thivelier et fils.

Est-il besoin de le dire ? Pour ne pas être gravée dans le fer, l'information ne figure pas moins, en filigrane, dans l'inscription qui ouvre ce chapitre : Benoist Thivelier n'a pas toujours complété sa signature par la mention « le Père » – le « Louis XIV » des photos 109 et 110, à la présence forte et sobre, ne renferme, très traditionnellement, que ses nom et prénom – et en 1749 cela fait longtemps qu'il fabrique des moulins, comme l'at-

110.
Signature «BENOIST TIVILIER» à l'intérieur du couvercle. Cliché B. Rivatton / Musée du Vieux Saint- Etienne.

DAME Catherine/*'COTTIER épouse de* Laurent Praire, marchand
de cette ville,/ *auparavant épouse de Sieur/* THIVELIER aussi marchand
de cette ville /ladite dame agissant de l'autorité congé et licence
dudit Sieur PRAIRE,/ *icy présent /et acceptant/* a baillé pour apprentis
Benoît THIVELIER son fils et du dit deffunct, de l'autorité et
licence de sadicte mère */veuve et librement/* gageant a Me. Jacques
MARTIN, maître graveur */et f/aiseur* de moulins à caffé dudit
Saint-Etienne, priant et le remerciant, pour quatre années commencèes
depuis le premier jourr de l'année présente 1713 et finiront à pareil jour,
pendant lequel temps l'apprentis promet de bien et de
fidélement servir ledit MARTIN, luy obéir, et rendre bon et
fidèle compte de tout ce qu'il fera et maniera,
sans absenter le service, à l'effet de quoy la dite mère l'a cautionné de toutes
fidèlités ; en cas d'absence, promet le reporter et faire réintègrer
le tenir honnêtement habillé et logé, et luy fournir de nourriture
pendant les six premiers mois de la première année
le tenir blanchy, pendant les deux premières années et ledit
MARTIN promet de sa part, de nourrir ledit apprentis les
autres trois annéeset demie, luy fouyrnir feu, gîte, et
couche, et blanchissage penandant les deux premières années et luy
enseigner sa profession de faiseur de moulins à café
en père de famille, sans luy rien *(s)*celler de ce qui en dépend ;
a été convenu qu'il sera permis audit apprentis d'aller
à l'école, une heure du jour, le soir ou le matin pendant les
deux premières années ; Ainsy arrêté et promis observer
à peyne de dépens dommages et intérêts des précèdentes obligations
renonciations et clauses ; fait et passé audit Saint-
Etienne en mon étude, avant midy le Vingt Quatrième Janvier
mille sept cent treize, Présents Louis PERRIER et Antoine FORIEL bourgeois audit Saint-Etienne,
témoins soussignés avecq les parties

SIGNE /

Jacques MARTIN **Catherine COUTTIER**

PRAIRE **PERRIER** **FORIEL**

Benoît THIVELIER **Antoine DIGNARON Notaire royal**

DOCUMENT 9.
Contrat d'apprentissage de Benoist Thivelier auprès du faiseur de moulins à café Jacques Martin en date du 24 janvier 1713.
Michel Bourlier, y compris pour la transcription ligne à ligne. Archives privées de la Diana à Montbrison.

teste son contrat d'apprentissage (*page précédente*) auprès de Jacques Martin « Maître graveur et faiseur de moulins à café » en date du 24 janvier 1713 (document 9, accompagné de sa transcription). Jacques Martin, fils du talentueux R. Martin Laynez dont plusieurs moulins sont ici reproduits, s'engage, par ce contrat qui porte sur quatre années pleines, à laisser le jeune Benoist (il est alors âgé de 13 ans et demi) « d'aller à l'école, une heure du jour, le soir ou le matin pendant les deux premières années », privilège auquel la position sociale de son beau-père, un Praire (riche famille de négociants en quincaillerie déjà rencontrée par le truchement de la reconnaissance de dette de Claude Chapelon) n'est sans doute pas étrangère (Benoist Thivelier, à en juger du moins à sa signature, d'une calligraphie plus qu'honorable, semble déjà disposer d'un bon niveau d'instruction).

Document 10. Acte de mariage de Benoist Thivelier «faiseur de moulins à café» avec Antoinette Miosset, le 19 février 1719. De cette union naîtront cinq fabricants de moulins, suivis de deux autres à la génération suivante. Michel Bsourlier. Archives municipales de Saint-Étienne.

Son apprentissage terminé, rien n'empêche le

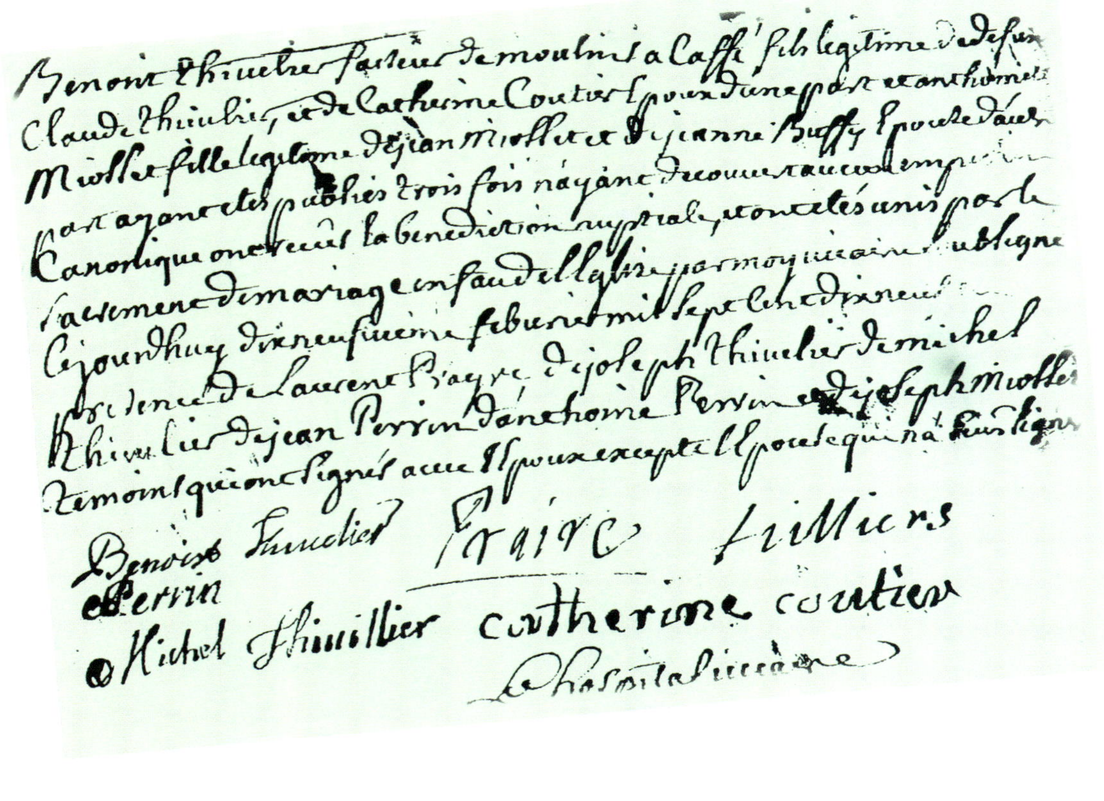
Benoist Thivelier faiseur de moulins a Caffé fils legitime de defunt
Claude Thivelier, et de Catherine Coutier Epoux d'une part et Anthoinette
Miollet fille legitime de jean Miollet et de jeanne Buffy Epouse d'autre
part ayant estés publiés trois fois n'ayant decouvert aucun empeschement
canonique ont receu la benediction nuptiale, et ont estés unis par le
sacrement de mariage en face de l'Eglise par moy vicaire soubsigne
Cejourdhuy dixneufvieme febvrier mil sept cent dixneuf
presence de Laurent Prayre, de joseph Thivelier de michel
Thivelier de jean Perrin d'anthoine Perrin et de joseph Miollet
temoins qui ont signés avec l'Epoux excepté l'Epouse qui n'a scu signer

Benoist Thivelier Praire fillicrs
Perrin
Michel Thivillier catherine coutier

« faiseur de moulins à café » Benoist Thivelier de se marier. Le 19 février 1719, il prend pour épouse Antoinette Miosset (document 10). Leur contrat de mariage, rédigé sur trois pages par Maître Dignaron, celui-là même qui, six ans plus tôt, avait notifié les termes de son contrat d'apprentissage, nous fournit de plus amples renseignements. Benoist Thivelier, le premier « faiseur de moulins à café » à porter ce nom, s'allie par ce mariage à une famille qui opérait dans un secteur proche : le père de sa femme, feu Jean Miosset, était forgeur (ce terme générique est parfois attribué à d'authentiques faiseurs de moulins) et elle avait pour frère un armurier en la personne de Fleury-Joseph Miosset. Or, si forgeurs et armuriers partagent souvent le destin de la famille Thivelier, ces unions ont rarement eut lieu avant la génération de Benoist. Son père Claude Thivelier (mort en 1702, trois ans après la naissance de Benoist) et son grand-père paternel Jean Thivelier, pour s'en tenir à ces deux exemples, exerçaient des professions totalement étrangères : respectivement marchand-donneur d'eau à Saint-Étienne et prud'homme de la paroisse de Saint-Romain-les-Atheux dans le proche Mont Pilat.

Avec les collatéraux de Benoist, les métiers du fer apparaissent, mais de façon encore intermittente : si son frère Joseph est armurier, Michel, lui, est tailleur d'habits. Quant aux sœurs, deux épousent des armuriers : la première, Marie, avant le mariage de Benoist (noces célébrées en 1715 avec Joseph Bonnand, qui deviendra par la suite « Contrôleur des Armes pour le Roy »), la seconde, Catherine, s'unit à un Cizeron en 1727, famille qui s'allia à plusieurs reprises aux Chapelon et aux Thivelier sous Louis XIV et La Régence, et qui légua à la postérité son lot de moulins. Ce processus devait s'accentuer avec la descendance de Benoist Thivelier, dont pas moins de cinq fils – sur un total de quinze enfants nés de 1720 à 1744 – et deux petits-fils se

Arbre généalogique des Thivelier

volontairement réduit aux seuls individus liés à la fabrication de moulins à café

Benoist Thivelier / Antoinette Miosset

mariage le 19-02-1719

(Né le 11-6-1699)
A son mariage, ainsi qu'à celui de son fils François en 1765, «faiseur de moulins à caffé». «Ouvrier en moulins à caffé» lors de son second mariage en 1745, mais «forgeur» en 1768 pour le mariage de son second fils Antoine.

Fille d'un forgeur et sœur de l'armurier Fleury-Joseph Miosset

Antoine Thivelier (l'aîné) / Marguerite Perrin

mariage le 5-05-1737

(11-2-1720/9-11-1768)
«Forgeur et limeur» à son mariage «Armurier et faiseur de moulins à caffé» le 28-08-1741. «Faiseur de moulins à caffé» le 30-05-1750. «Marchand» à sa mort.

Fille d'un armurier.

Joseph Thivelier / Marie Baptiste

(28-08-1724/24-03-1776)
«Faiseur de moulins à caffé» à son décès.

Jean-Baptiste Thivelier

mariage le 6-02

(20-01-1737/25 nivose an
«Faiseur de moulins à caff
à son mariage
et lors du baptême
de Jean-Baptiste Thivelie
fils d'Antoine le cadet,
le 3-01-1770.

Jean Thivelier / Jeanne-Marie Peyron

mariage le 10-11-1767

(30-05-1750/21-02-1775)
«Faiseur de moulins à caffé» lors de son mariage. Il aura deux enfants, dont une fille qui épousera Antoine Dumarest, d'une famille d'armuriers et de graveurs.

Louise Thivelier

Epouse un armurier.

Marie Thivelier

Epouse un armurier.

…uise Cellière
…69

Fille d'un armurier.

Antoine Thivelier / Marie Galley
(mariage le 4-11-1768)

(1-01-1741 / 31-03-1783)
«Forgeur» à son mariage, puis «faiseur de moulins à caffé» à la naissance de son fils Jean-Baptiste en 1770, de sa fille Anne en 1771, ainsi qu'à la mort de sa fille Françoise en 1774.

Fille de Françoise Désarmeaux, d'une autre famille de faiseurs de moulins à café stephanois.

François Thivelier / Françoise Langlade
(mariage le 22-01-1765)

(baptisé le 2-03-1742)
«Faiseur de moulins à caffé» lors de son mariage et «marchand» à Carpentras à la mort de sa femme le 21-09-1773.
Il se remarie avec Antoinette Revier, fille d'un orfèvre de la bourgeoisie montante de Saint-Étienne, apparenté au milieu des négociants en quincaillerie.

Jean-Baptiste Thivelier / Marie Bastide
(mariage le 9 vendémiaire an 5)

(né le 1-12-1774)
«Faiseur de moulins à caffé» lors de son mariage et quai du Grand Moulin à Saint-Étienne en 1821, au mariage de son neveu Michel Maguin (armurier).
Dernier Thivelier fabricant de moulins à café.

spécialisèrent dans les moulins, mais les exemples deviennent alors trop nombreux pour être détaillés. L'arbre généalogique pages 98-99, quoique volontairement réduit aux seuls fabricants de moulins, en offre néanmoins une vue d'ensemble éloquente : les termes « forgeur », « limeur » et plus encore « armurier » y abondent. Surtout, cet arbre révèle une lignée exceptionnelle de « faiseurs de moulins à café » : huit artisans recensés (soit beaucoup plus que les signatures retrouvées sur les moulins) s'étalant sur trois générations et sur un siècle, du mariage de Benoist en 1719 à celui de l'armurier Michel Maguin en 1821, où un certain Jean-Baptiste Thivelier, second du prénom à avoir choisi cette spécialité, doit à sa qualité d'oncle du marié d'être l'un des cosignataires de l'acte. Cette activité fut toutefois beaucoup plus ample dans la deuxième génération que dans celle de ce Jean-Baptiste, qui débuta dans la profession alors que son père, ses oncles (trois sur quatre du moins), son cousin et, bien sûr, Benoist, le patriarche, n'exerçaient déjà plus.

«Faiseurs de moulins à café»

En dehors du rôle primordial de la structure familiale, les actes paroissiaux montrent également la nécessaire polyvalence à laquelle les artisans stéphanois du dix-huitième siècle devaient faire face, et ce d'autant plus que le marché des moulins à café, même en pleine expansion, n'était en rien comparable à celui des armes, la grande spécialité locale. Tout le monde ne pouvait pas limiter sa production à ce seul domaine – nous avons vu au chapitre 3 que Gillier Lebon est dit armurier plutôt que faiseur de moulins, phénomène qui n'épargne pas des artisans aussi chevronnés que Martin Laynez, voire, à l'occasion, Claude Chapelon – et rares sont les individus qui, à l'instar de certains

Thivelier, ont par cette seule spécialité gravi les échelons de la hiérarchie sociale. Le cas d'Antoine Thivelier, le fils aîné de Benoist, est exemplaire : il est déclaré « forgeur et limeur » à son mariage, le 5 mai 1737, activités de base dans les métiers du fer auxquelles n'est rattaché aucun prestige particulier. Puis, alors qu'il est âgé de vingt-et-un ans, « armurier et faiseur de moulins à café » à la naissance de son fils Gabriel le 28 août 1741, uniquement « faiseur de moulins à café » à la naissance de son fils Jean, le 30 mai 1750, ce qui confirme le succès et la notoriété de l'entreprise familiale au milieu du dix-huitième siècle, avant, enfin, d'être déclaré « marchand » à sa mort, le 9 novembre 1768, terme qui indubitablement marque une promotion sociale (document 11).

Si un tel parcours n'est pas monnaie courante, Antoine n'est cependant pas le seul fabricant de moulins à avoir été déclaré « marchand » : son frère François eut droit plus tôt dans sa vie à cette dénomination. Est-ce à dire pour autant qu'Antoine, à la fin de sa vie, ait coupé tout lien avec son métier d'origine ? Cela serait surprenant, et il est fort probable que le vocable « marchand » recouvre pour Antoine et son frère cadet François, deux réalités différentes : Antoine, prospérité et notoriété aidant, s'est sans doute libéré du joug des marchands et négociants au faîte du très fort système de sous-traitance alors en vigueur à Saint-Étienne, tandis que François, loin de se contenter de vendre lui-même les moulins qu'il (ou que sa famille) fabriquait, semble s'être vite détourné du métier d'artisan. S'il est en effet déclaré « faiseur de moulins à café » lors de son mariage à Saint-Étienne en 1765, on le retrouve « marchand » à Carpentras lorsque sa femme décède en 1773, puis, après s'être allié lors d'un second mariage à la bourgeoisie stéphanoise, on sait qu'il demeurait en Avignon dans les dernières années du dix-huitième siècle. La mobilité géographique ne

DOCUMENT 11. Extraits de quatre actes paroissiaux retraçant le parcours professionnel d'Antoine Thivelier (l'aîné des fils de Benoist). Michel Bourlier. Archives municipales de Saint-Étienne.

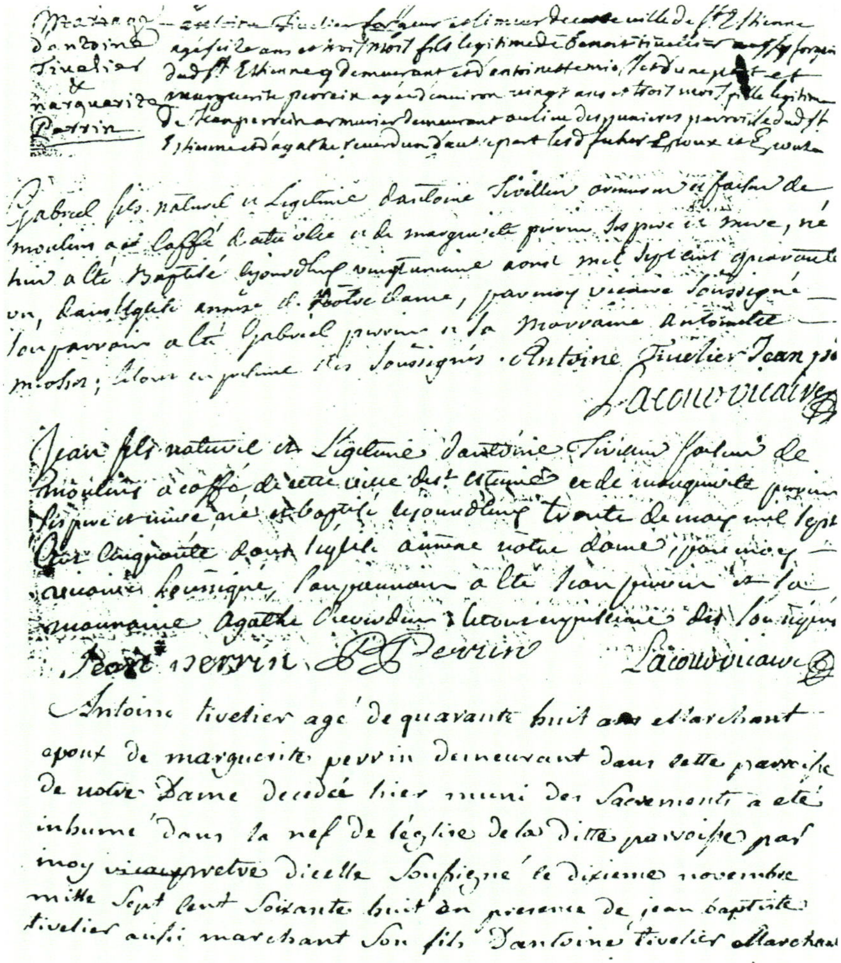
Mariage d'antoine tivelier et marguerite perrin — Antoine tivelier faiseur de moulins a caffé de cette ville de St Etienne agé de [illegible] ans et trois mois fils legitime de Benoit tivelier [illegible] de St Etienne demeurant [illegible] et marguerite perrin agée d'environ vingt ans et trois mois fille legitime de Jean perrin armurier demeurant [illegible] paroisse de St Etienne et d'agathe Chevandier [illegible]

Gabriel fils naturel et legitime d'antoine tivelier demeurant faiseur de moulins a caffé de cette ville et de marguerite perrin ses pere et mere, né hier a eté baptisé aujourd'huy vingt unieme avril mil sept cent quarante huit en l'eglise annexe de notre dame, par moy vicaire soussigné. Son parrain a eté Gabriel perrin et sa marraine Antoinette [illegible] [illegible] presents les soussignés Antoine tivelier Jean [illegible]
Lacour vicaire

Jean fils naturel et legitime d'antoine tivelier faiseur de moulins a caffé de cette ville de St Etienne et de marguerite perrin ses pere et mere né et baptisé aujourd'huy trente de may mil sept cent cinquante dans l'eglise annexe notre dame, par moy vicaire soussigné, son parrain a eté Jean perrin et sa marraine Agathe Chevandier [illegible] les soussignés
[illegible] perrin Perrin Lacour vicaire

Antoine tivelier agé de quarante huit ans Marchand epoux de marguerite perrin demeurant dans cette paroisse de notre Dame decedé hier muni des Sacrements a eté inhumé dans la nef de l'eglise de la ditte paroisse par moy vicaire pretre d'icelle soussigné le dixieme novembre mille sept cent soixante huit en presence de jean baptiste tivelier aussi marchand son fils d'antoine tivelier Marchand

constitue certes pas un indice suffisant pour conclure à l'abandon de la profession initiale : Benoist lui-même, quelques années après son second mariage, quitta définitivement Saint-Étienne pour Salon-de-Provence, mais sans délaisser sa profession de toujours, comme l'attestent les actes de mariage de ses derniers fils.

On le constate en 1765 à l'occasion du mariage de François, pour lequel il s'est déplacé de Salon et dont l'acte est intéressant à plus d'un égard : non seulement il regroupe à lui seul la moitié des Thivelier « faiseurs de moulins à café » jamais recensés – François, le marié,

Benoist, le père, ainsi que les frères Jean-Baptiste et Antoine -, mais surtout, alors que dans la plupart des cas les actes n'apportent au mieux d'autres informations sur l'adresse que « demeurant en cette ville, paroisse de Notre-Dame », celui-ci spécifie « Rue du Grand Moulin ». Cette précision a permis à Michel Bourlier de remonter jusqu'au lieu précis où vécurent les Thivelier, deux maisons distantes d'une centaine de mètres et qui, de façon traditionnelle dans ces terres d'armuriers, mêlaient habitat et atelier (plan de 1767 du mandement de la Seigneurie de Saint-Priest). La rue, ou plutôt le Quai du Grand Moulin, comme son nom le laisse supposer, était situé en bordure d'une rivière, le Furan (aujourd'hui couvert à cet endroit, tandis que la demeure des Thivelier a été démolie sous Louis-Philippe), dont les eaux étaient réputées pour la trempe des métaux.

Qui fait quoi ?

Le fait que cette même adresse ait été retrouvée sur deux autres actes concernant pour l'un, Joseph, et pour l'autre, Jean-Baptiste Thivelier, respectivement frère et neveu de François, accrédite la thèse d'un atelier familial, confirmant par là même le rôle déterminant que joua la famille dans l'activité économique des Thivelier. Parler d'atelier familial ne répond pas pour autant à toutes les questions, notamment concernant le mode de production. Que la fabrication d'un moulin à café ait été une opération moins complexe et réclamant une moindre science que celle nécessaire à la mise au point d'une arme à feu – de nos jours, une arme artisanale de luxe requiert jusqu'à une vingtaine d'intervenants hautement qualifiés, chacun ne s'occupant que d'une tâche très spécifique – n'est pas en soi une raison suffisante pour conclure qu'un même artisan se chargeait de l'intégralité du travail :

dans le chapitre consacré à la quincaillerie de l'ouvrage *Statistique industrielle du département de la Loire* (Delarue, Libraire-éditeur à Saint-Étienne - 1835), Alphonse Peyret, maintes informations et précisions à l'appui, nous révèle qu'un couteau aussi bon marché que l'Eustache passait par les mains de 18 ouvriers avant d'être achevé. Cela ne signifie pas qu'il en était de même pour les moulins. Au contraire, la faiblesse de la production, l'absence de standardisation (car une production en petites séries de « Louis XIV » plus ou moins ressemblants n'est en rien assimilable à celle des Eustaches qui se vendaient aux négociants par grosses, c'est-à-dire par douze douzaines, et qui, surtout, des « Millons » aux « Passe-grands », étaient strictement classés en différentes tailles et catégories) ou encore leur apparition plus tardive (la coutellerie était présente à Saint-Étienne dès la fin du seizième siècle) sont autant d'éléments qui infirment l'hypothèse d'une production morcelée. En outre, les registres paroissiaux mentionnent toujours « faiseur de moulins à café » (ou une expression équivalente) et non une spécialité comme cela se produit aux côtés du terme générique d'armurier (« faiseur de platines », « monteurs », « ciseleurs », et bien d'autres).

À ces raisons, nous devons encore ajouter une autre : dans *Les origines de l'Hôpital et de la Charité à Saint-Étienne*, ouvrage paru en 1923 aux Presses de l'Imprimerie de la Loire Républicaine, l'historien J.B. Galley évoque trois contrats d'apprentissage concernant le métier de faiseur de moulin à café. S'il n'apporte guère de précisions (sinon que tous les trois datent de 1711, portent sur cinq ans et doivent rapporter « à la fin vingt-cinq livres » à l'apprenti), cela montre que Benoist Thivelier n'a pas été le seul à apprendre le métier de la sorte et la durée même de l'apprentissage est en soi un indice supplémentaire qui plaide en faveur d'une production individuelle des moulins, du moins pour ce qui est du travail du fer.

Cette dernière restriction n'est nullement formelle car la question demeure entière pour ce qui est du bois. Mieux, les mêmes exemples issus de l'armurerie et de la coutellerie incitent fortement à croire que ce qui avait trait au bois était dans la plupart des cas sous-traité. Ainsi, Peyret précise que les manches des Eustaches, en bois de hêtre, étaient fabriqués dans les montagnes environnantes, à deux ou trois lieues de Saint-Étienne. L'activité de faiseur de moulins à café était encore une fois trop marginale pour qu'un circuit semblable ait existé et il ne faut pas perdre de vue qu'un moulin de fabrication artisanale comme un « Louis XIV » constitue un ensemble beaucoup plus spécifique et différencié que ne le sera jamais un Eustache. Il n'en reste pas moins que la fabrication des moulins a été le domaine réservé des familles spécialisées dans le travail du fer, et les cas de sous-traitance avec les métiers du bois ont dû être fréquents.

Quelques indices incitent même à penser que certains menuisiers se sont partiellement spécialisés dans ce domaine. L'examen des quatre poignées de manivelle en buis de forme balustre des photos 14, 45 et 46, que l'on n'aurait, sans qu'elles soient pour autant plus rares que d'autres, aucune difficulté à différencier de l'ensemble des manivelles des moulins du dix-huitième siècle, tous modèles confondus, laisse envisager une origine commune. Sans pouvoir affirmer que Jean-Baptiste Frecon et Gillier Lebon s'approvisionnaient auprès du même menuisier pour leurs poignées de manivelle (voire pour le reste des parties en bois, mais il serait fallacieux de tirer quelque argument des similitudes qui unissent le corps des moulins des photos 45 et 46, car il n'y a rien de surprenant à ce que des moulins d'un même modèle se ressemblent), on peut toutefois remarquer que la chose est possible puisqu'il s'agit de deux artisans contemporains.

Les actes de catholicité, une fois encore, nous apportent des renseignements précieux. On y note la présence récurrente de certains menuisiers comme témoins d'un mariage, d'une naissance ou d'un décès dans le clan des faiseurs de moulins à café (ce qui est plus surprenant que les couteliers ou canonniers eux aussi présents à l'occasion). Sinon une preuve – que seule pourrait nous apporter une peu probable trace écrite -, ces apparitions répétées d'individus appartenant à deux corporations distinctes d'ordinaire cloisonnées constituent un sérieux faisceau de présomptions.

Le cas du dénommé François Long, menuisier à Saint-Étienne, semble illustrer cette réalité économique : à son mariage en 1719 (la même année que Benoist Thivelier), Antoine Chauvet, faiseur de moulins à café, est présent. Pour la naissance de ses enfants, c'est encore à des membres de la même profession qu'il fait appel : ainsi Benoist Thivelier est parrain de son fils Antoine en 1724, Antoinette Deville est marraine de son fils Jean-François en 1727, tandis que l'époux de cette dernière, Barthélémy Martin, (deux familles de faiseurs de moulins à café, à défaut d'individus) accomplit le même rôle deux ans plus tard, et qu'Antoinette Miosset enfin, l'épouse de Benoist Thivelier, devient elle aussi, sans surprise, marraine du dernier né de François Long en 1730. De la même façon, lui-même assiste en 1733 au mariage du fabricant de moulins Jean-Baptiste Seyve et enfin, indice d'un partenariat suivi, deux fils de François Long témoignent en 1761 au baptême d'Antoinette Galot, qui n'est autre que la fille du faiseur de moulins Claude Galot.

On pourrait encore évoquer le cas d'un certain Jacques Vial, « tourneur sur bois » ou « tournoyeur » à son mariage en 1690 et qui ne cesse, de même que sa descendance directe (notamment Jean-Baptiste et Gaspard Vial, qui déclarent la même profession que celle de leur père à leur mariage respectif, en 1716 et 1724) d'être lié aux familles de faiseurs de moulins Cizeron, Dussauze, Martin, Seyve, et... Long, mais nous revenons là à une union corporatiste classique.

Que parallèlement à sa principale renommée, le travail du fer – les armes bien sûr, mais d'une façon plus générale l'ensemble de la quincaillerie – Saint-Étienne se soit dès le dix-septième siècle, avec une école de sculpture sur bois, spécialisée dans les métiers du bois et notamment dans les dérivés d'art appliqué à l'artisanat et à la technologie, telle la réalisation de superbes crosses ouvragées d'armes à feu, s'inscrirait logiquement dans ces échanges (qu'ils soient ou non réguliers) de sous-traitance entre faiseurs de moulins à café et menuisiers dont nous suspectons l'existence aujourd'hui.

111 ET 112. Moulin décoré d'un visage de vieillard ou de sage et, sur le tiroir, d'un homme se servant à boire assis au côté de son chien. Le revers du couvercle, en laiton, porte la signature d'un TIVELIER à laquelle est accolée le terme non élucidé EDRAG. Estampille figurant une cigogne en vol. H. 18 cm. XVIIIe siècle. Coll. Malongo.

Si l'impression dominante est celle d'un enchaînement cohérent, il n'en reste pas moins que certaines zones d'ombre demeurent. À côté des signatures dûment authentifiées, telles celles de Benoist Thivelier ou Antoine Thivelier Lebon (sans que l'on sache il est vrai lequel des deux frères a choisi ce sobriquet), il en est d'autres qui ne sont pas élucidées.

D'autres, ou plus précisément deux autres. Ainsi « A. THIV..FR. LET. LEBON », inscription en partie effacée du fait d'une mauvaise frappe ou de l'usure prématurée de certaines lettres, qui figure sur le couvercle d'un exceptionnel « Louis XIV » sculpté (*photo 11, chapitre 2*) et qui, bien entendu, n'a de mystérieux que le mot central. « TIVELIER EDRAG » (ou « IDRAG » ?) d'autre part, que précède l'initiale du prénom aujourd'hui difficilement authentifiable et qu'accompagne un beau poinçon en forme d'oiseau

aux longues ailes déployées, dont le cou élancé évoque une cigogne en vol (*photos 111 et 112*). Comment ne pas remarquer que ces deux signatures énigmatiques concernent des « Louis XIV » particulièrement rares au bois entièrement sculpté (et dont la marque « THIVELIER » tempère au reste l'idée généralement admise qu'ils se rangent parmi les « Louis XIV » les plus anciens), si bien que l'on peut être tenté de voir dans «FR. LET. » ou dans « EDRAG » le nom du menuisier qui a façonné la pièce de noyer, autorisé à co-signer le moulin du fait du soin tout particulier qu'il y a apporté.

Concernant « EDRAG », Michel Bourlier, à qui j'ai naturellement soumis cette signature, a bien retrouvé un Etienne DRAGUE, mais si ce dernier est effectivement contemporain de la génération des enfants de Benoist Thivelier (né vers 1722, marié en 1748 en présence de Michel Chovet, fils et neveu des Chovet faiseurs de moulins à café), il est issu d'une famille non pas de menuisiers mais de couteliers (liée par ailleurs aux Freycon) et rien n'indique par ailleurs que la première lettre représente l'initiale du prénom.

L'exposition *Moulins à café XVII-XVIIIe siècles... redécouverte d'une production stéphanoise* organisée fin 1998 par le Musée du Vieux Saint-Étienne a permis de retrouver un troisième « Louis XIV » portant une double signature impliquant les Thivelier – Thivelier Grenat en l'occurrence. Cette fois, le second patronyme a bel et bien été retrouvé par Michel Bourlier : il s'agit vraisemblablement de Pierre Grenat, déclaré armurier à son mariage en 1781. Cela prouve, une fois encore, les liens unissant faiseurs de moulins à café et armuriers, mais il n'y a aucune contradiction à ce que Pierre Grenat n'ait pas été menuisier : le « Louis XIV » en question est une pièce classique dont le corps en bois n'a bénéficié d'aucun traitement particulier.

L'hégémonie stéphanoise.

Antoine Thivelier (le cadet) épouse Marie Galley, dont la mère, Françoise Désarmeaux, est issue d'une famille spécialisée dans les moulins (huit artisans recensés, soit autant que les Thivelier) ; Laurent Dumier « faiseur de moulins à café » épouse lui aussi une fille Désarmeaux ; François Désarmeaux, dont la mère était une Gillier, épouse une Frecon (Jeanne en 1753), des Cizeron mariés à plusieurs reprises à des Thivelier ou des Chapelon (entre autres, Claude Chapelon qui prend pour femme Anne Cizeron) ; un Seyve et un Tezenas, beau-père et gendre...

Le propos n'est pas ici d'insister sur la très forte endogamie en vigueur chez les fabricants de moulins stéphanois au dix-huitième siècle (phénomène propre d'ailleurs à l'ensemble du milieu des armuriers et des forgeurs), pas plus qu'il n'est de mettre en avant le rôle déterminant que joue la famille dans le devenir professionnel de chacun : il est simplement de garder en mémoire que le destin stéphanois des Thivelier ne doit rien au hasard. Ceux-ci sont un maillon, prestigieux, mais un simple maillon, indissociable de l'ensemble des faiseurs de moulins à café de ce temps et de ce lieu. Or cet ensemble, puisque c'est de lui qu'il s'agit à présent, est à proprement parler époustouflant : la grande majorité, pour ne pas dire l'essentiel, des fabricants de moulins connus y est regroupée. La liste établie grâce aux indications de Michel Bourlier (*pages suivantes*) est impressionnante : vingt-six artisans ou familles d'artisans, cela est du même ordre de grandeur, et même un peu plus, que le nombre de fabricants de moulins à café du dix-huitième siècle recensés par ailleurs. Reste à évaluer dans quelle mesure ces sources distinctes convergent. Trois confrontations différentes vont nous y aider.

Liste d'artisans stéphanois ayant fabriqué des moulins à café

Les dates correspondent à un acte de catholicité qui authentifie l'activité dans la profession, mariage ou naissance d'enfant le plus souvent : elles reflètent donc une période plus large que ce seul événement.
** indique les artisans dont on a retrouvé des moulins.*
L'italique indique les fabricants dont les actes de catholicité mentionnent une profession proche, mais différente. N'eût été à chaque fois un artisan authentifié faiseur de moulins à café, les Dussauze (couteliers) et les Gillier (armuriers) auraient été incorporés dans cette catégorie.

BERNIER : six artisans, de Claude Bernier vers 1704 à son petit-fils Louis vers 1784. Ont également été déclarés faiseurs de moulins à café à leur mariage : Etienne (1734), Antoine (1753), Denis (1759) et Barthélemy (1768). Alliances avec les fabricants Marc et Montmain.

BLANC *: un artisan, Jean, déclaré « moliniste » en 1719 (photo 74).

CHAPELON *: six artisans issus du même lignage, du règne de Louis XIV à la seconde moitié du dix-huitième siècle.Premier dans l'ordre du mérite, le talentueux Claude Chapelon (photos 17-18, 67-68 et 72-73) est déclaré faiseur de moulins à café à son mariage avec Anne Cizeron en 1691, activité qu'il partage avec son père Pierre et son frère Antoine (photo 16). Ses fils Benoît (1724) et Pierre (1737) exercent la même profession à leur propre mariage, tandis qu'à la génération suivante, Denis Chapelon est déclaré faiseur de moulins à café en 1762 à l'occasion de la naissance d'un de ses enfants.

CHAUVET (ou CHOVET) : deux frères, Claude et Antoine, déclarés faiseurs de moulins à café à leur mariage en 1708 et 1714.

CIZERON * : nombreuses alliances de cette famille avec les CHAPELON et les THIVELIER sous le règne de Louis XIV et la Régence.
François Cizeron (photos 70-71 et 96) est « faiseur de platines à fusils » lorsqu'il s'installe à Saint-Etienne en 1710. D'autres Cizeron (photos 19-20) ont dû fabriquer des moulins, comme par exemple Jean-François Cizeron, armurier lié aux Gillier vers 1761.

CLERJON : un artisan, Maurice, au milieu du dix-huitième siècle.

DENIS : un artisan, Antoine, déclaré faiseur de moulins à poivre à son mariage en 1688.

DESARMEAUX *: huit artisans, à compter de Jean-Baptiste, qui épouse une Tiblier en 1695. La famille à surtout été influente dans la profession avec les neveux de ce dernier - Jean (1715), Jean-Baptiste (1719), Mathieu, qui se marie lui aussi en 1719 et qui est dit fabriquer également des moulins à poivre ou à épices et enfin Philibert (1724) - auxquels il faut ajouter son propre fils, pareillement prénommé Jean-Baptiste, en 1732.
Viennent encore deux artisans à la génération suivante, Pierre et François Désarmeaux, qui pour sa part épouse en 1753 Jeanne Frecon, la fille du faiseur Jean-Baptiste Frecon, et dont la mère était une Gillier.

DEVILLE : un artisan, Antoine, déclaré faiseur de moulins à café à son mariage en 1776.

DUMAS : un artisan, Barthélemy, déclaré « ouvrier en moulins à café » à ses deux mariages, en 1764 et 1786.

DUMIER *: quatre artisans en filiation directe, à savoir, Laurent, le père, marié à une Désarmeaux en 1713, et trois de ses fils ou petits-fils, Jean-Louis et Joseph, tous deux mariés en 1757, et un autre Joseph marié en 1785.

DUSSAUZE* (ou SAUZE) : au moins un artisan, Joseph, déclaré faiseur de moulins à café à son second mariage en 1710, mais cette prospère famille de marchands couteliers a donné plusieurs forgeurs, limeurs, armuriers ou canonniers, essentiellement sous le règne de Louis XIV, susceptibles eux aussi d'avoir fabriqué le moulin de la photo 97. Alliance avec les Deville, les Gillier, les Martin et les Thivelier.

FORETTE : un artisan, Antoine, déclaré faiseur de moulins à café en 1794.

FRECON* (ou FREYCON) : quatre artisans en filiation directe, à commencer dès 1698 par Antoine, dont la mère était une Monmain. Ses deux fils, Jean-Baptiste, qui signe JB FRECON LEBON (photos 14-15, 21 et 46) et Denis, respectivement en 1732 et 1738, poursuivent la même activité, comme plus tard un autre Antoine, fils de Denis.

GALOT*: un artisan, Claude, déclaré forgeur à son mariage en 1739, puis faiseur de moulins à café à la naissance de ses enfants de 1751 à 1761, ainsi encore qu'en 1787, au mariage d'un de ses fils. Voisin des Thivelier.

GILLIER* : importante famille de forgeurs et d'armuriers aux XVIIe et XVIIIe siècles, avec notamment deux Jean, déclarés chacun armurier à leur mariage en 1742 et 1743, et dont il est pratiquement certain que l'un d'eux signe GILLIER LEBON pour se différencier (photo 45).
François Gillier est réellement dit pour sa part faiseur de moulins à café à son mariage en 1761.
Alliances avec les Chovet, les Désarmeaux, les (Dus) sauze et les Tiblier.

JALLEY : un artisan, Jacques, frère du graveur Antoine Jalley, aux alentours de 1732.

MARC : un artisan, Philibert, qui, armurier, épouse une Bernier au milieu du dix-huitième siècle avant de se spécialiser dans les moulins à café vers 1770.

MARTIN*: deux artisans, Roland, qui, à côté de son poinçon figurant un dauphin couronné, signe « MARTIN AISNEZ » (photo 7) ou « R. MARTIN LAYNEZ » (photos 92 à 94), est déclaré pour sa part armurier à son mariage en 1687, mais « marchand » à son décès en 1725 et son fils Jacques, bel et bien déclaré, lui, faiseur de moulins à café à son mariage en 1712. La précision qu'apporte le terme « laynez » nous laisse penser que les moulins qui en font état ont été fabriqués alors que le fils exerçait déjà cette profession, spécialité à laquelle le père ne se consacra peut-être qu'aux côtés de son fils Jacques. C'est auprès de ce dernier que le jeune apprenti Benoist Thivelier s'initia quatre années durant à compter de 1713 à l'art de faiseur de moulins à café.

MOMMAY * (ou MONNET) : trois artisans, Etienne, armurier vers 1674, Jean et Etienne, forgeurs vers 1672 et 1700. L'un de ces deux Etienne est vraisemblablement l'auteur des moulins en entonnoir signés E. MOMAY.

MONTMAIN (ou MONMAIN) : deux artisans, Etienne, le père, déclaré faiseur de moulins à café à son mariage en 1769 et Jean-Louis, le fils, armurier qui reprend l'activité de son père à la mort de celui-ci en 1806.

ROYON *: un artisan, André, de la fin du 17e siècle au début du 18e siècle.

SEYVE : un artisan, Jean-Baptiste, déclaré faiseur de moulins à café à son mariage (auquel assistait Antoine Thivelier) en 1733.

TEZENAS*: deux artisans, Armand, gendre du précédent artisan par son mariage en 1774, et Pierre, lui aussi déclaré faiseur de moulins à café à son mariage en 1778.

THIVELIER*: huit artisans de 1719 à 1821. Voir l'arbre généalogique et les photos 11 et 105 à 112.

TIBLIER*: pas moins de douze artisans authentifiés « faiseurs de moulins à café » alors que bizarrement peu de moulins portent cette signature.
Le point de départ s'effectue avec Jean et Jean-Baptiste Tiblier (il se marie en 1732 en présence de Thivelier, de Désarmeaux et de Dumier), deux frères dont la mère était une Gillier, qui à eux deux eurent sept fils qui reprirent l'activité paternelle (profession déclarée de 1757 à 1789) tandis que dans les générations suivantes, le dernier Tiblier recensé dans cette branche se mariait en 1806.

Première confrontation : un astérisque indique les artisans que je connaissais antérieurement aux recherches de Michel Bourlier, c'est-à-dire les artisans pour lesquels on a retrouvé des moulins à café. Quinze noms sur vingt-six, le résultat est probant, d'autant plus que parmi les onze « marques » restantes – Bernier, Chauvet, Clerjon, Denis, Deville, Dumas, Forette, Jaley, Marc, Montmain et Seyve –, il serait surprenant qu'aucun moulin n'ait survécu jusqu'à nous : il se trouve simplement que je n'ai pas eu la chance à ce jour d'en tenir un en main. À noter toutefois le cas particulier que constituent les Tiblier : alors que c'est de loin le clan qui connut le plus grand nombre de faiseurs de moulins (douze artisans recensés) et alors que l'on retrouve d'ordinaire plusieurs moulins par artisan (cf. Claude Chapelon, Benoist Thivelier, J.B. Frecon Lebon, Gillier Lebon...), je n'ai vu qu'une seule fois cette marque – en l'occurrence Tiblier Bon –, ce qui est pour le moins surprenant, même si on est en droit de supposer que le signataire voulait, par l'ajout de ce suffixe, se différencier d'un autre Tiblier signant sa production. Nous y reviendrons.
Deuxième confrontation : sur les treize noms qui composent la liste des fabricants de « Louis XIV » (page 124), neuf sont présents sur celle des faiseurs de moulins à café stéphanois. Mieux, parmi les quatre noms restants, il n'en n'est qu'un dont l'origine non-stéphanoise soit certaine : « COLLIOTA » dont la signature est suivie d'une date – 1702 – et d'un lieu – Sommevoire (Haute-Marne). Les trois autres noms sont sujets à caution, sans ambiguïté même pour ce qui est des deux premiers : ce qui a été déchiffré « Buiville Père », pour le catalogue d'une vente aux enchères, n'est vraisemblablement qu'une déformation de B. Tivilier Père. De même, il est loin d'être absurde de penser que B. Mar-an-aynac, qui lui aussi n'apparaît qu'une seule fois dans un catalogue, n'est autre que R. Martin Laynez, et ce d'autant que le

poinçon accompagnant la signature représente à chaque fois un dauphin (sans qu'il ait été précisé, il est vrai, qu'il s'agisse d'un dauphin couronné comme c'est le cas pour Martin Laynez). À ces deux noms, la tentation est grande d'associer le cas de C. Galoy (souvent retranscrit Galoi sur les catalogues de vente) : il s'agirait alors de Claude Galot, un fabricant de moulins voisin des Thivelier, dûment répertorié par Michel Bourlier. L'examen du moulin de la photo 8 ne permet pas de trancher la question : la dernière lettre ressemble davantage à un « y » qu'à un « t », mais elle n'est pas assez nettement gravée pour être catégorique.

Ce qui en revanche est certain, c'est que ce moulin est dépourvu de poinçon, contrairement à un « Louis XIV » signé C. Galot que j'ai pu admirer dans un salon d'antiquités, où signature et poinçon (en l'occurrence une fleur de lys) étaient particulièrement lisibles. Reste que ces deux moulins sont de facture très proche – tous deux particulièrement représentatifs du genre – et qu'il est des cas avérés d'artisans n'apposant qu'épisodiquement leur poinçon : ainsi Benoist Thivelier, qui contrairement à ce qu'indiquent les catalogues de ventes aux enchères, n'entoure pas toujours sa signature de deux coqs (voir la photo 110 et celle de quatrième de couverture).

Neuf sur treize, plus certainement onze ou douze sur treize : concernant les « Louis XIV », il ne s'agirait plus de majorité, mais de quasi monopole.

Dernière confrontation : si le cas des « Louis XIV » semble entendu, qu'en est-il des moulins en entonnoir, des moulins cylindriques de voyage, des Sabliers ou encore de ceux que nous avons nommés « modèles d'exception »? Les quelques noms donnés au chapitre concernant les moulins en entonnoir appellent les mêmes réserves que précédemment : listés presque exclusivement sur des catalogues de ventes spécialisées, on corrige sans mal « Décarmeaux » par « Désarmeaux » et « Dimi » par « Dimin ». Faut-il aller plus loin et assimiler ce dernier patronyme, bizarrement absent de la liste des artisans stéphanois, à celui de « Dumier » ? Cela est possible sans être prouvé : il n'y aurait en tous cas nul anachronisme à ce que Laurent Dumier le père, marié justement à une Désarmeaux en 1713, fabriquât le moulin en entonnoir de la photo 64. Il ne fait en revanche guère de doute que les initiales données pour « I.E. » sur un moulin plus tardif du même modèle, à la trémie déjà semblable à celle des Sabliers, soient en réalité « J.L. » pour Jean-Louis Dumier, faiseur de moulins vers 1757. Quant à « E. Momay », il figure bien sur la liste à une époque tout à fait cohérente pour ce modèle.

Le cas des moulins cylindriques de voyage datant de la fin du dix-septième ou du début du dix-huitième siècles (photos 70 à 76) est plus éloquent encore : les trois seules signatures retrouvées à ma connaissance sont toutes du vivier stéphanois.

La suprématie de Saint-Étienne fut-elle également de mise pour les Sabliers ? Leur essor plus tardif (mais non leur apparition : revoir, ne serait-ce que pour le plaisir de l'œil, les photos 67 et 68 du superbe spécimen signé Claude Chapelon, à qui l'on doit peut-être la paternité du modèle) invite à la prudence. Signe des temps, les Sabliers sont moins souvent signés, et lorsqu'ils le sont, ce n'est parfois que d'initiales, à l'instar de l'inscription « dV » gravée sur la patte de fixation du moulin de taille intermédiaire figurant sur la photo 66, le plus petit et le plus grand étant pour leur part parfaitement anonymes. En outre, du moins pour ce qui est de la deuxième moitié de leur période de fabrication, ils ne correspondent déjà plus, historiquement, au rayonnement incontournable de Saint-Étienne, capitale du moulin à café, si bien que la ville n'a peut-être pas joué en ce qui les concerne un rôle aussi décisif que pour les « Louis XIV ».

L'importance de l'époque de fabrication est confirmée par les moulins exceptionnels auxquels le chapitre précédent est consacré, et qui, pour la plupart, datent du début ou de la première moitié du dix-huitième siècle : il n'est pas un moulin signé qui ne le soit par un artisan stéphanois (photos 92 à 94, 96, 97 et 105 à 107). Alors, point de salut hors des murs de Saint-Étienne ? La réalité n'est peut-être pas aussi tranchée. Que tous les moulins signés parmi les pièces d'exception soient stéphanois ne doit pas nous faire perdre de vue que beaucoup ne le sont pas. Pour ceux-là, tout est question d'appréciation. Ainsi, ce n'est pas prendre un grand risque qu'affirmer que le moulin anonyme présenté sur la photo 95 est lui aussi originaire de Saint-Étienne : bien que simplifié, il est assimilable à ceux des photos 92 (R. Martin Laynez) et 105 (Benoist Thivelier), sans compter que son anonymat peut être imputable aux restaurations qu'il semble avoir subies (le tiroir notamment). Ces moulins sortent en effet trop de l'ordinaire pour avoir été inventés et fabriqués en divers endroits : le modèle suivant en forme de brûle-parfum signé par deux artisans stéphanois contemporains (photos 96 et 97, respectivement marqués François Cizeron et Dusauze) le confirme.

Mais que dire alors du modèle rectangulaire tout aussi rarissime (photos 98 et 99) dont les deux exemplaires ici présentés n'offrent aucune signature ? Peu de choses, certes, ou plus exactement des éléments de réponse contradictoires. D'abord qu'ils sont à la fois trop atypiques et trop ressemblants pour n'avoir pas été fabriqués, sinon par le même artisan, du moins par des artisans très proches. Ensuite – et là est l'antinomie – si l'on envisage mal que la créativité nécessaire à la conception d'un nouveau modèle ait émané à cette époque d'un autre lieu que Saint-Étienne, on envisage tout aussi difficilement qu'un artisan

stéphanois ait résisté à la tentation ou à l'usage de marquer son œuvre de son nom, surtout pour des pièces de cette qualité : il y a en effet une forte habitude locale à signer sa production, et ce même pour des objets de faible valeur, comme en témoignent les forgeurs de fiche.
Le débat est plus important qu'il n'y paraît : selon la réponse apportée, il nous faut relativiser ou non l'hégémonie de Saint-Étienne dans la production des « Louis XIV ». La liste sur laquelle nous nous appuyons ne fait état, par définition, que des « Louis XIV » signés – or seule une petite moitié d'entre eux, au grand maximum, l'est. Dès lors, que penser de ceux qui ne comportent aucune signature ? Dans quelle proportion sont-ils issus du sérail stéphanois ? Si l'on ne peut évidemment pas apporter à cette question une réponse chiffrée, on peut en revanche avancer quelques hypothèses. Pour cela, se pencher un instant sur l'origine de cette pratique peut être utile. Elle provient de métiers solidement implantés dans la région, telle l'armurerie ou la coutellerie, qui étaient défendus et régentés par une jurande (ainsi la corporation des couteliers qui dès 1594 bénéficie d'une jurande établie au Chambon avant d'être transférée à Saint-Étienne en 1607). Entre autres droits, les artisans avaient la faculté d'apposer leur nom en guise de marque, accompagné, éventuellement, d'un pictogramme authentifiant leur production. De cet état de choses, on devrait logiquement en conclure que les « Louis XIV » anonymes ont été, sinon en totalité, du moins en grande partie, fabriqués hors des murs de Saint-Étienne, en des lieux où cette pratique n'avait pas cours. Mais cela équivaudrait alors à passer sous silence le cas des Tiblier et des Bernier (dix-huit artisans au total), pour ne parler que de ces deux exemples frappants : je n'ai retrouvé qu'une seule signature relative à l'un de ces patronymes, ce qui signifie certainement qu'il en existe un peu plus, mais trop peu néanmoins pour ne pas se poser de questions.

Conclusion logique cette fois-ci : ces artisans dont on a peine à retrouver la marque sur le revers des couvercles ou le dessus des manivelles seraient les auteurs de bon nombre des moulins anonymes qui aujourd'hui garnissent les collections au même titre que les moulins signés. Reste, bien sûr, pour étayer cette hypothèse à expliquer pourquoi certains artisans signaient leur production, tandis que d'autres, qui vivaient au même endroit à la même époque, s'abstenaient de le faire. Gageure difficilement tenable ? Peut-être pas : dans un milieu où l'emprise des négociants-grossistes en quincaillerie était très forte, on peut imaginer que les familles qui cédaient l'intégralité de leur production aux marchands n'aient nullement éprouvé le besoin de se forger une réputation commerciale, ni de se faire un nom dans la profession qui soit connu au-delà de la ville ou de leurs interlocuteurs directs. Il est également possible que ce soit les grossistes eux-mêmes qui ne souhaitaient pas de moulins signés : sans être leurs employés, les faiseurs de moulins n'en restaient pas moins socialement et économiquement soumis aux négociants, et on les voit mal, par conséquent, supplanter ces derniers, ne serait-ce que par une simple signature synonyme de prestige et d'indépendance. Le fait que des artisans chevronnés qui avaient coutume de signer leur production et qui semblent avoir réussi socialement, tels Martin Laynez ou Antoine Thivelier, aient été déclarés « marchands » à leur mort ne contredit pas, au contraire, cette supposition.

Avant de quitter tout à fait ces artisans stéphanois (si peu, en fait, tant nous n'aurons de cesse de rechercher leur trace), il peut être utile de mettre en avant la notion de « génération d'artisans », notion qui n'eût pas été envisageable sans ce progrès décisif accompli dans la datation, mais que la liste a plutôt tendance, de prime abord, à masquer. Le marché du moulin à café, bien que grandissant, était insuffisant pour faire vivre simultanément une multitude de familles d'artisans. Aussi chaque génération était-elle relativement restreinte : à celle, fabuleuse et pionnière, de Claude Chapelon, de Martin Laynez ou d'André Royon, pour ne citer que ces figures de proue, succéda celle que Benoist Thivelier symbolisa mieux que quiconque et que l'on peut qualifier d'âge d'or de la profession. Puis, après une période de cohabitation, vint celle d'Antoine, l'aîné des fils Thivelier, de Jean-Baptiste Frecon ou de Gillier Lebon (trois faiseurs de moulins qui se marièrent de 1732 à 1742), et ainsi de suite jusqu'à l'ère révolutionnaire, formant une chaîne plus ininterrompue que conséquente d'artisans alimentant en moulins le Royaume tout entier.

Le Royaume, voire au-delà : Saint-Étienne, entre autres, commerçait beaucoup avec l'Italie, pays par lequel le café gagna l'Europe via Istanbul, si bien qu'il n'est pas impossible que quelques-uns de ses « Louis XIV » aient servi au-delà des Alpes. Michel Bourlier a ainsi retrouvé deux « marchands à Rome » en dépouillant les actes de catholicité stéphanois... phénomène que l'on retrouve à l'identique pour l'Espagne, comme il le spécifie dans *Saint-Étienne, capitale oubliée de la fabrication des moulins à café de Louis XIV à la Restauration* (Saint-Étienne, Histoire et mémoire n° 189, janvier 1998).

La quincaillerie stéphanoise dans son ensemble, à laquelle les moulins s'apparentent tant en amont, par l'arrivée de la matière première, qu'en aval, par l'exportation du produit fini, offrait en effet au dix-huitième siècle un visage à première vue hybride. Côté cour, un enchevêtrement extraordinaire d'entraves dues notamment à de complexes droits de douane et de circulation intérieure, dont le montant, bien sûr, variait selon qu'il s'agissait d'un transport par « voie d'eau » ou « voie de terre », mais aussi selon les provinces quand ce n'était pas, parfois, avec le calendrier. Alphonse Peyret, déjà cité, parle de bureaux de douane installés aux portes mêmes de Saint-Étienne, sur les confins du Forez, à Marlhes ou Saint Ferréol, et précise par ailleurs que les droits étaient plus élevés sur la quincaillerie fine comme les moulins, les étrilles ou les marteaux et d'une manière générale sur les articles en fer contenant du bois. Côté jardin, triomphant de ces entraves, une réussite et une diffusion exemplaires de sa production aux quatre coins de l'Hexagone : Paris bien sûr (et de là, la Bretagne et la Normandie), Lyon (Bourgogne, Franche-Comté, mais aussi, Alsace et Lorraine), Bordeaux (très faibles droits de douane et accès aux provinces voisines ainsi, surtout, qu'aux colonies), ou encore Marseille, initialement le grand marché de Saint-Étienne. Ainsi dès 1680, soit dès l'origine de la fabrication de moulins par les artisans stéphanois, un inventaire de marchandises en partance pour Malte et Istanbul via Marseille, mentionne, entre autres objets de quincaillerie, des moulins à café. Mais en raison de taxes devenues prohibitives, ce port détenteur jusqu'en 1710 du monopole du commerce du Moka, était pour Saint-Etienne une destination pratiquement tombée en désuétude vers le milieu du XVIIIe siècle.

Avec la fin des Thivelier et des autres fabricants de moulins à café stéphanois, une page se tourne à jamais : pour ce qui est des moulins, Saint-Étienne n'a pas pris le tournant industriel, et ce qui avait fait, du règne de Louis XIV à la Restauration, sa force et sa renommée – une continuité en matière de production jamais démentie, artisanale, et ayant conservé, aux antipodes des exigences industrielles, la notion de chef d'œuvre héritée du Moyen-Age – causa sa perte. Les Peugeot et les Japy, pour ne citer que deux patronymes bientôt synonymes de marques omniprésentes, pour qui les moulins n'allaient être qu'une branche parmi d'autres de leur production, choisiront d'autres lieux pour s'implanter et c'est désormais sur les terres des fonderies de l'est de la France que l'histoire des moulins à café allait se poursuivre, l'aristocratique « Louis XIV » cédant la place au « comptoir », plus roturier et populaire, mais qui, à l'usage, allait lui aussi faire ses preuves et gagner ses lettres de noblesse.

Ces deux mondes que tout oppose ont pourtant connu une période transitoire et cette période non seulement est passée par Saint-Étienne, mais encore y a laissé l'impression que l'histoire, parfois, se répète. En 1814, le gouvernement de Louis XVIII, soucieux de s'approprier les secrets de fabrication de l'acier fondu, contacta discrètement les Jackson – ceux-là mêmes qui, quelques décennies plus tard, devaient signer des moulins « à l'éléphant » sous la marque « Peugeot Jackson et Cie », c'est-à-dire la branche des Peugeot installée à Pont-de-Roide, dans le Doubs (par opposition à la branche principale « Peugeot Frères », sis non loin à Valentigney et dont le sigle n'était autre que le célèbre « lion sur flèche »). Au prix d'être à jamais bannis d'Angleterre et d'y perdre la totalité de leurs biens, les Jackson élurent domicile à Saint-Étienne en créant notamment en 1819 une forge à

Rochetaillée, à sept kilomètres au sud-est de la ville, sur les rives mêmes du Furan. À lire l'article de Madame Pitrat-Jackson, *James Jackson et ses fils, une famille d'industriels anglais dans le bassin de Saint-Étienne de 1814 à 1856*, (Bulletin du Vieux Saint-Étienne, N° 138 et 139, 1985), il nous semble par moment ne pas avoir quitté les Thivelier – ainsi la description, lors des difficiles premières années, de la « cahute... adossée à l'une des collines qui endiguent le Furan » qui réunit pareillement lieu de travail («le bas était occupé par les marteaux») et logement («le haut se composait de deux petites pièces»). Mais le ton a tôt fait de changer lorsqu'elle évoque l'insécurité de ce « vallon habité seulement par quelques ouvriers grossiers et parfois brutaux ».

Si brutaux d'ailleurs que J. Jackson quitta peu après les rives de ce Furan mal famé pour investir celles plus prospères du Doubs. Comme l'auraient approuvé et compris les faiseurs de moulins à café stéphanois tout juste disparus, pour qui alliance matrimoniale et association d'intérêt ne faisaient qu'un, en 1838, quatre années avant que les frères Peugeot achètent avec les frères Jackson le moulin de Pont-de-Roide, une double union a lieu : William Jackson épouse Louise Peugeot, et Ann Jackson, Georges Peugeot.

À cette époque, il n'y a pas que le marché des moulins à café qui échappe à Saint-Étienne : Peyret note que celui des vis, qui occupait il y a peu mille à mille deux-cent personnes, périclitait totalement, « MM. Japy frères de Beaucourt étant parvenus à s'en emparer exclusivement à l'aide de machines nouvelles dont nos fabricants ignorent l'usage ». Ces Japy mêmes qui bientôt allaient fabriquer des moulins par centaines de milliers et s'associer avec la branche principale de Peugeot Frères (création de la Société « Peugeot Japy et Cie » en 1842), tandis qu'une fois encore une double union avait lieu, Charles

Peugeot épousant Clémence Japy et Suzanne Japy, Jacques Peugeot.
Mais au-delà des hommes, des familles et de leurs alliances, au-delà du lieu, c'est l'évolution du moulin lui-même qui importe. Là, la coupure semble nette : aucune fabrique industrielle de « Louis XIV » n'a vu le jour et si on ne peut pas en dire autant du Sablier, le fait est surtout anecdotique. Parallèlement à l'essor phénoménal du moulin classique, l'archétype carré en bois – en 1860, une étude interne de Peugeot Frères consacrée à la consommation des ménages en France conclut à un « besoin immense » de moulins à café», rapporte C. Monnier dans son *Catalogue général des moulins de Peugeot Frères à Valentigney, 1840-1975* (1993) –, un modèle radicalement nouveau, fait d'une matière elle aussi nouvelle, la fonte, apparaît.

Le moulin de comptoir ne marque pas seulement l'émergence d'un modèle jusqu'alors inconnu, mais, si l'on excepte quelques rares précurseurs en bois de fabrication artisanale, celui d'un genre inconnu, car il n'y avait pas eu jusqu'à présent nécessité à l'inventer. Sa présence en ville comme dans les villages les plus reculés, sur le moindre comptoir d'épicerie ou de café, ne se fit pas du jour au lendemain : en 1858, toujours selon Monnier, Peugeot Frères fabriqua très exactement 281 moulins en fonte (un modèle démuni de tiroir, aujourd'hui introuvable, et qui ne fut fabriqué que de 1855 à 1860) contre 42 072 en bois.

Une trentaine d'années plus tard, en 1889, la production annuelle, tous modèles confondus, s'élevait à 350 000 moulins. Ce chiffre permet de mesurer la différence qui sépare cette production de celle des artisans du dix-huitième siècle. Et pourtant, on ne peut s'empêcher de relever quelques similitudes entre ces deux aventures. D'abord parce que certains modèles industriels s'inspirent ouvertement de formes antérieures. Loin de s'en cacher, Peugeot attribuait parfois à ses moulins le nom du pays qui était à l'origine du modèle dont il s'était inspiré : ainsi bon nombre de moulins à trémie extérieure en laiton sont-ils nommés (notamment par la branche installée à Pont-de-Roide) « modèles belges », de même que le moulin cylindrique en tôle qui s'ouvre par le milieu ne doit sa dénomination, « modèle H dit turc », qu'à sa ressemblance avec les moulins cylindriques d'origine turque présents dans tout le Moyen-Orient. Ensuite et surtout, parce qu'exactement de la même façon que les artisans des dix-septième et dix-huitième siècles exploitaient simultanément un patrimoine commun (ainsi la forme prise par la patte de fixation, toujours caractéristique du modèle et de son époque, sans que ne festoient hasard, fantaisie ou imagination), les firmes industrielles ont produit de concert des moulins dont la différence la plus notoire réside parfois dans la marque gravée sur l'étiquette.

Ce qui s'expliquait par la forte unité de lieu et de milieu eut ensuite d'autres causes : signe des temps, il n'était plus besoin de se situer à proximité pour se copier. Le « comptoir » standard, ou encore le moulin cylindrique en tôle cannelée ont donc été produits, à d'infimes variantes près, aussi bien par des marques françaises qu'étrangères, familières ou inconnues, et sans que les multiples brevets déposés par leurs soins (dès le 30 septembre 1829 pour Coulaux aîné et Cie, comme l'atteste le brevet N° 4119) n'y changent grand-chose : la période garantissant l'inviolabilité du procédé était souvent courte – 5, 10, 15 ans – et surtout ces brevets portaient davantage sur des points mécaniques précis, tel un nouveau système de réglage de la noix, que sur la forme du moulin ou, mieux, sur l'invention d'un modèle radicalement nouveau.

C'est cette ère nouvelle, mêlant tout à la fois une diversité de marques impressionnante et une grande régularité dans les modèles rencontrés qu'il reste à défricher.

Liste d'artisans ayant fabriqué des «Louis XIV»

Noms / Marques	**Poinçons**
BUIVILLE PERE	
A. CHAPELON	Illisible (photo 16)
CLAUDE CHAPELON	Couronne surmontée d'un coq (photo 18)
CIZERON	Illisible (photo 20)
COLLIOTA	
J.B. DESARMEAUX	
J.B. FRECON LEBON	Agneau Pascal (photo 21)
C. GALOY	
C. GALOT	Une fleur de lys
B. MAR. AN. AYNAL	Un dauphin
MARTIN LAYNEZ	Un dauphin couronné
ANDRE ROYON	Une fleur de lys
TEZENAS	
BENOIT TIVELIER	Deux coqs (parfois)
ANTOINE TIVELIER LEBON	
TIVELIER EDRAG	Une cigogne (photo 112)
TIVELIER JEUNE	
TIVELIER GRENAT	

Attention : les marques « BUIVILLE PERE » et « B. MAR. AN. AYNAL », relevées uniquement sur des catalogues de ventes spécialisées sont litigieuses. Il en va de même pour C. Galoy qui n'est peut-être autre que C. Galot.
Voir chapitre 6.

12 rue Chabanais 75002 Paris
ISBN : 2 86553 127 9
Dépôt légal juin 1999.